LAS HIJAS DE TERESA

Modelos de mujeres feministas cristianas

María Carmen Izal

EDIQUID

Las hijas de Teresa
Modelos de mujeres feministas cristianas
© María Carmen Izal, 2021
Editado por: Corporación Ígneo S.A.C.
para su sello editorial Ediquid.
Primera edición, mayo 2021

www.grupoigneo.com
Correo electrónico: contacto@grupoigneo.com
Facebook: Grupo Ígneo | Twitter: @editorialigneo | Instagram: @grupoigneo

Diseño de portada: Oriana Vargas
Diagramación: @impetucreativo
Corrección: Alejandra Araujo

Colección: Integrales

ISBN: 978-980-436-022-0
Depósito legal: DC2021000629

CONTENIDO

Estamos en un momento de reivindicaciones feministas, con un gran protagonismo de la mujer en profesiones que han sido patrimonio de los hombres, alcanzando avances en derechos sociales y de reconocimiento. Se trata de un intento de superar las barreras que frenaron la capacidad humana presente en la constitución femenina. No obstante, durante siglos han existido mujeres que consiguieron, desde su humildad, algo que les ha llevado a la mayor aspiración humana: destacar por su fe, por su amor a Dios, por trabajar para él y su gloria. No existe mayor honor que alcanzar las cimas de la santidad, dejándose guiar por el espíritu y abandonándose al amor. No aspiraron a nada, solo al servicio del Señor. Sin embargo, él les concedió el mayor regalo: llegar a ser veneradas como modelos de ejemplaridad cristiana.

Bajo un sencillo vestido, un hábito marrón, unas sandalias para sus pies descalzos, un velo que ocultaba su cabeza como signo de humildad y un escapulario que les señalaba como hijas de la madre del Carmelo, Marta y María, en medio del silencio y la soledad de sus conventos supieron elegir la mejor parte. Quiero dedicar a ellas este homenaje, considerando que, como mujeres, nos honran a todas las que formamos parte de la humanidad.

Aquí se muestran distintas personalidades femeninas que alcanzaron reconocimiento por su bondad y por su desarrollo espiritual, que no buscaron fama, tan solo se enamoraron y respondieron a la llamada de aquel que es la esencia del verdadero amor.

Vamos a considerar la situación social, la personalidad y lo que hizo digna de perpetuar la memoria de cada una de ellas.

Antes de seguir, debemos conocer quiénes fueron todas ellas:

- Las hijas de Teresa.
- Ana de San Bartolomé.
- Ana de Jesús.
- Isabel de la Trinidad.
- Teresa de la Santa Faz.
- Maravillas de Jesús.
- Edith Stein o Teresa Benedicta de la Santa Cruz.
- Teresa del Niño Jesús.
- Carmelitas mártires de Compiegne.
- Joaquina Vedruna.
- Juana de Tolosa.
- María en Tierra Santa.
- María de Jesús.
- Arcángela Guilani.
- María de los Ángeles.
- María de Jesús López Rivas.
- Magdalena de Pazzi.
- Teresa de los Andes.
- Teresa María de la Cruz.

Para nosotros:

Todas ellas tuvieron una vida feliz, sin desdeñar su calidad de mujer, durante diversos tiempos sociales e históricos. Su santidad les ha permitido reunirse en la Casa del Padre, de esta formase ha producido el conocimiento mutuo. Es algo maravilloso, porque han podido comentar circunstancias y apreciaciones sobre sus vidas y obras. En estas páginas se trata de dar a conocer, mediante encuentros espirituales, detalles y comunicaciones sobre sus experiencias en su vida mortal. La reunión suele tener lugar en los atardeceres, en una atmósfera de quietud y paz que solo se encuentra en ese entorno celestial.

La anfitriona es Teresa (por algo es la madre), pero siempre desde un sencillo y humilde respeto, para que todas puedan intervenir.

Como cronista de los hechos, he ido recogiendo esas tardes luminosas para el espíritu, las cuales nos dan a conocer la grandeza de esas mujeres, cuya feminidad les llevó a las cotas más altas: ser ejemplo y modelo de santidad.

José, el gran protector de las carmelitas, me sugirió la idea de reunirlas. Él fue su mentor, su padre, su director y su ayuda. Entonces, ante esta sugerencia, pedí permiso al Señor para encontrar un entorno (no un lugar), donde pudiéramos reunirnos sin intromisiones. La comunicación es de naturaleza espiritual, por lo que no caben distracciones. El alma necesita estar libre para poder conocer y meditar los mensajes. Todo es como un milagro, pero así son las cosas en la Casa del Padre.

La escena parece nacida de un cuadro impresionista, sin arquitectura, sin detalles que distraigan la mirada. Todo es luz, solamente se vislumbran unas figuras con rasgos diferenciados y con aureolas de paz. La atmósfera invita a la contemplación. En primer lugar, ha aparecido Teresa de Jesús, que porta algo así como un libro, donde parece ser que dejará constancia de lo que se vaya debatiendo. Muy cercana y en actitud de respeto, se encuentra Ana de San Bartolomé y otra religiosa que dice llamarse Ana de Jesús. Próxima a ellas, una figura muy conocida y respetada por la cultura europea, sí; se trata de Edith Stein, Teresa Benedicta de la Cruz y, en su compañía, nada menos que la pequeña Teresa Martín, nuestra Teresita. Parece ser que por hoy no se van a reunir más participantes. Como primer día, se trata de organizar las tertulias y de encontrar el resto de las almas de espíritu carmelitano.

Teresa comienza invocando la fuerza del espíritu. En ese mismo momento, todo parece cobrar nueva vida. Cada figura aparece con distintos matices, porque hacen referencia a los dones recibidos y a sus carismas. Se crea una sensación de emoción y confusión al no percibir sonido. Los mensajes se han de intuir por vía espiritual, sin distracción.

Con todo respeto, las asistentes entonan un canto, una melodía interior en un lenguaje espiritual e ininteligible, como un susurro que se eleva y va tomando sentido. Se trata de alabanza y adoración. Después, la madre parece animar a las asistentes a que se presenten. Al pertenecer a épocas distintas y distantes, no habían tenido ese contacto.

La primera en darse a conocer es Ana de San Bartolomé. Se aparta un poco para presentarse con más facilidad y se dirige a las asistentes:

—Me llamo Ana García Manzana, sexta de los siete hijos de Hernán García y María Manzanas, personas muy devotas que me educaron, desde la infancia, en el camino de profunda espiritualidad que duró a lo largo de mi vida. En 1558, cuando tenía nueve años, mi madre murió. Mi padre lo hizo un año después, así que fueron mis hermanos quienes me criaron.

»Muy pronto tuve que ayudar al mantenimiento familiar. Quedé a cargo del cuidado del rebaño en los campos aledaños a Almendral. Fue entonces cuando comencé a sentir la presencia del Niño Jesús junto a mí, sin sobresaltos, como algo normal. También empecé a experimentar profundos recogimientos. La contemplación del paraje que me rodeaba y el silencio favorecieron mi crecimiento espiritual y, de un modo natural, una intimidad con el Señor.

»Solo compartí el secreto con mi prima, Francisca, a la que me unía la misma edad y, sobre todo, idénticas aspiraciones de entrega a la vida religiosa. Vivíamos soñando con una vida de pleno retiro, sin saber qué camino tomar para encontrarla.

»Un día tuve una visión en la que la Virgen me decía «hija, no tengas pena, yo te haré monja en mi casa» y unas religiosas le ofrecían un vaso de agua. Poco después, cuando tenía diecisiete años, llegó a Almendral un clérigo nuevo que, al escuchar el relato de mi extraña visión, reconoció rápidamente el convento de San José de Ávila, cuna del Carmelo Descalzo, que se acababa de fundar por usted, madre Teresa.

»Pero mi alegría duró poco tiempo, ya que chocó con el temido rechazo familiar. Mis hermanos pronto quisieron desvanecer lo que consideraban un absurdo deseo y me buscaron pretendientes de conveniencia. En medio de estas contrariedades, solo encontraba refugio y comprensión en mi prima, que anhelaba la misma vida. Por fin, mis hermanos, ante la imposibilidad de disuadirme, optaron por multiplicar mi trabajo para vencer mi rechazo al matrimonio.

»Como el Señor actúa en el momento oportuno, el veintinueve de junio de 1570, día de la fiesta del apóstol San Pedro, apareció un clérigo y consiguió que me llevaran a Ávila para conocer el supuesto convento de mis sueños. Estaban convencidos de que abandonaría la idea de ser monja al comprobar la dureza de esa vida.

»Nada más entrar, sentí una gran afinidad con el lugar y reconocí lo que había presenciado en la visión. Ya no hubo argumentos ni opciones que me hiciesen desistir de seguir el camino que la Virgen había indicado. Tras fuertes enfrentamientos, mi familia aceptó mi vocación religiosa, a condición de que ingresase en una orden de prestigio y no siguiendo los pasos de la «Loca Teresa de Jesús», cuyos escándalos fundacionales y problemas con la Inquisición eran conocidos en toda Castilla. Nada ni nadie me hicieron torcer el deseo de entrar en el primer Carmelo Descalzo. Además, quise ser hermana lega o de velo blanco, es decir, monja dedicada exclusivamente a las tareas de servicio a la comunidad, sin posibilidad de ejercer ningún cargo conventual. Esta decisión fue considerada por mi familia como un agravio.

»Fueron tales las presiones a las que fui sometida para desistir y tal mi empeño de defender mi vocación, que mi salud se resintió hasta el punto de quedar prácticamente discapacitada. Mis hermanos, angustiados ante esta inesperada situación, ofrecieron una novena para mi curación al apóstol San Bartolomé y, alrededor de su fiesta (veinticuatro de agosto) en aquel año de 1570, me llevaron hasta una ermita dedicada a él. Apenas entré, me sentí repentinamente curada. En gratitud al apóstol San Bartolomé, que consideré siempre el artífice de mi curación, lo elegí para mi nombre de carmelita. Al fin, vencidas las últimas dificultades, el primero de noviembre de ese año emprendí el viaje a Ávila, alejándome para siempre de los campos y montes de mi infancia.

»Al atardecer del día siguiente, dos de noviembre, festividad de las ánimas, crucé la puerta del convento de San José sin que estuviese Santa Teresa.

»Tres meses antes había entrado por la misma puerta otra gran carmelita, Ana de Jesús (Ana Lobera), no teníamos ninguna idea de que juntas fundaríamos los carmelos de Francia y Flandes. Madre Teresa tampoco pudo estar presente el quince de agosto de 1572 en la sencilla ceremonia de mi profesión como la primera hermana lega, freila o de velo blanco que admitió en su primer Carmelo. En su ausencia, dio instrucciones para la ceremonia, que fue predicada por un jesuita. Durante el noviciado atravesé grandes tribulaciones y pronto la gran exigencia con que viví la entrega al Señor hizo mella en mi salud, convirtiéndome en un ser débil y enfermizo. En octubre de 1574, madre Teresa finalizó su priorato en la encarnación y en enero de 1575 quiso que la acompañara a fundar el Carmelo de Beas de Segura, pero mi delicado estado de salud no lo permitió.

»En 1577aparecieron serios problemas respecto a la manera de entender la vida monástica que la madre Teresa había fundado. Le ordenaron retirarse a uno de sus conventos y no fundar más. Fue entonces que nos encontramos, cuando volvió a sus orígenes. A partir de ese momento, me convertí en su compañera inseparable. Al ver mi estado de debilidad y reconociendo sus propios padecimientos espirituales de otros tiempos, madre Teresa decidió distraerme de tanto ensimismamiento interior, ocupándome en atender a las demás, sobre todo a las que no gozaban de buena salud, nombrándome «priora de enfermas». Poco después rodó por la escalera del convento, rompiéndose el brazo izquierdo y quedando imposibilitada para manejarse con él, por lo que me convertí en su enfermera. Más tarde, le acompañé en sus caminos de fundación.

»Entonces sucedió un hecho transcendente en mi vida: vos, madre, me encomendasteis que tomase algunas notas para contestar la correspondencia, pero yo no sabía de letras. Sin embargo, tomé una carta vuestra y, con la ayuda del Espíritu Santo, llegué a tal grado de imitación que era muy difícil distinguir lo escrito por mí de lo escrito por vos. Desde entonces tuve el gran honor de ser vuestra secretaria.

»El gran aprecio que madre Teresa me profesaba quedó plasmado en una frase que he conservado: «Ana, Ana, tú eres la santa, yo tengo la fama».

»El otoño de 1582, cuando regresábamos al Carmelo abulense, tras llevar a cabo la fundación de Burgos, en Medina del Campo se nos dio la inesperada orden de dirigirnos a la villa ducal de

Alba de Tormes, a donde llegasteis moribunda. En el momento de vuestra muerte, al anochecer del cuatro de octubre de 1582, me solicitasteis para morir entre mis brazos. Desde entonces fui considerada heredera del carisma teresiano y un nuevo horizonte se abrió en mi vida.

»En 1604, cuando se tramitaba la implantación del Carmelo teresiano en Francia, los delegados franceses nos solicitaron a mí y a Ana de Jesús encabezar la expedición de las seis carmelitas descalzas elegidas para fundar en París. Por mandato papal tuvimos que aceptar. Así que quedamos bajo la autoridad de tres superiores franceses hasta que fundasen los frailes carmelitas, momento en que volveríamos a vuestra jurisdicción. Con este compromiso, el veintinueve de agosto de 1604 las monjas del convento de San José de Ávila salimos camino a la capital francesa, adonde llegamos el quince de octubre.

»Tres días después fundamos el Carmelo de la Encarnación en París, del cual quedó priora Ana de Jesús. Pronto recibimos la visita de la reina María de Médici, que quería conocer y apoyar la obra teresiana. Las vocaciones francesas crecieron con inusitada rapidez. Por mi parte, tuve que encarar el doloroso asunto de aceptar, de manos extranjeras, el cambio de velo que no había aceptado de la propia madre Teresa. Al fin, el trece de enero de 1605, en aras de la expansión de la obra de mi querida madre y maestra, tuve que aceptar que me impusieran el velo negro de monja de coro, que me capacitaba para ser fundadora de nuevos Carmelos.

»Tres días después fundé el Carmelo de Pontoise, del que fui nombrada priora y el cual dediqué a la tan teresiana advocación de San José. A los nueve meses, el nueve de septiembre de 1605, tuve que abandonarlo para hacerme cargo del priorato del Carmelo de París, donde concedí el hábito a dos damas protestantes de la corte de la reina.

»A partir de entonces apareció mi «noche oscura» debido a los graves enfrentamientos con Pierre Bérulle, uno de los superiores franceses, por mantenerme fiel al carisma teresiano frente a sus injerencias para manipularlo. A consecuencia de ello y a pesar de ser la priora, fui separada del gobierno y aislada dentro del propio convento. Dada la difícil situación que vivían las carmelitas, Ana de Jesús valoró regresar a España, pero, al fin, optó por ir a fundar en Flandes. En 1607 abandonó Francia para fundar el Carmelo de Bruselas. A su paso por París, me propuso irme con ella, pero había aceptado ir a Francia como un sacrificio en aras a la difusión del Carmelo teresiano y no estaba dispuesta a ceder ante la manipulación de su carisma, por lo que decidí quedar en espera de la llegada de los frailes carmelitas. En este triste período, transformando el estilo de Santa Teresa a lo divino, compuse uno de sus poemas más bellos, *Si ves mi pastor como un reclamo a su esposo y señor*, durante esas horas de honda tribulación. En marzo de 1608 renuncié al cargo de priora en París y partí para fundar en Tours, donde el benefactor del nuevo Carmelo exigía que fuese la fundadora.

»Con sesenta y dos años abandoné Francia camino a Flandes. Estuve un año de espera para fundar a Cracovia o a Amberes en el Carmelo de Mons. El diecisiete de octubre de 1612 partí hacia Amberes.

»De camino nos detuvimos en el palacio de Mariemont, porque la infanta Isabel Clara Eugenia (hija de Felipe II) y su esposo, el archiduque Alberto de Austria, entonces soberanos de los Países Bajos, querían conocer a la hija tan querida de Santa Teresa, que al fin fundaba en sus tierras, atendiendo a sus deseos de enraizar la fe católica a través de la implantación de órdenes religiosas que combatieran, mediante la oración, el imparable avance protestante. Ese primer encuentro fue el inicio de una relación queme convirtió en íntima amiga y consejera de la infanta.

»Llegué a la ciudad de Amberes a finales de octubre de 1612, donde se fundó el Carmelo que, una vez más, dediqué a la advocación de San José. Le impuse el nombre de Teresa de Jesús a la primera novicia flamenca. En 1619 ingresó en el Carmelo una dama de la infanta, Clara de la Cruz, que, como me había sucedido, pronto se convirtió en mi secretaria. Eldocede marzo de 1622, la comunidad celebró con gozo la canonización de Teresa de Jesús, cuya devoción, día a día, ella contribuía a difundir en Centroeuropa, a pesar de su vida de rigurosa clausura.

Ana calló. Entonces se recuerda un hecho que pasó y quedó en la memoria:

Según dicen, Ana de San Bartolomé ejerció una importante influencia en la sociedad flamenca de su época, ya que fue amiga íntima y consejera de la infanta y de numerosos soldados y generales de los famosos Tercios de Flandes, que entonces luchaban contra el avance protestante.

En dos ocasiones se consideró vencido el peligro del asedio a la ciudad de Amberes gracias a su intercesión. La primera fue en diciembre de 1622, cuando Mauricio de Nassau, príncipe de Orange, intentó tomar la ciudad y Ana de San Bartolomé, alertada interiormente de que algo grave ocurría, despertó a la comunidad para acudir al coro a rezar toda la madrugada. La gran tormenta que inesperadamente se cernió sobre Amberes invirtió la aparente victoria del holandés en una retirada. Este hecho despertó un gran interés por la hija de Santa Teresa y su fama de santa se extendió rápidamente.

La segunda ocasión en que, también por su intercesión, se consideró infructuosa la invasión de los protestantes fue dos años después, en octubre de 1624,durante el famoso Asedio de Breda. Entonces Amberes estaba desprotegida, porque el mayor efectivo de tropas estaba en el asedio al mando del general Spínola, por lo que el príncipe de Orange consideró que había llegado el momento oportuno para tomar la ciudad. Una vez más, el sobresalto nocturno de Ana de San Bartolomé y sus rezos fueron considerados la causa de otra gran tempestad que hizo naufragar, nuevamente, los intentos del holandés.

La creencia general de que había sido la providencial intercesión de la carmelita lo que había frenado el asalto protestante a la ciudad, encabezada por la propia infanta, que escribió minuciosamente lo ocurrido a su sobrino, el rey Felipe IV, hizo que el obispo abriese una diligencia sobre el asunto, en la que declararon todos los testigos. Como resultado de ello, las autoridades civiles, eclesiásticas y militares reconocieron a Ana de San Bartolomé como libertadora de Amberes.

El cinco de junio de 1625, el general Spínola logró la rendición de Breda. Cuando, un mes después, la infanta se dirigía allí, se detuvo en el Carmelo de Amberes para visitar a su amiga y protectora de la ciudad. Al reanudar el viaje hacia Breda, considerado muy peligroso, la infanta le rogó, hincada de rodillas, que les bendijese a ella y a toda su corte.

Después de este inciso, Ana prosigue su confesión:

Los dos últimos años fui aquejada por varias enfermedades. En enero de 1626 solo me preocupaba morir en paz, «sin ruido ni barahúnda», ya que cada vez que empeoraba. La infanta mandaba a su médico personal para atenderme y toda la corte estaba pendiente de mí. El diecinueve de marzo murió mi prima Francisca, esta noticia apagó aún más mi vida. En los últimos meses pedía a mis hijas que le cantasen los versos de San Juan de la Cruz. En dónde te escondiste, amado? Al fin se cumplió mi deseo y cuando, el cuatro de junio, tuve una recaída, no pareció de gravedad. Pero poco después, rodeada de mis hijas y sin llamar la atención, el atardecer del domingo siete de junio de 1626, festividad de la Santísima Trinidad, misterio del que era muy devota, el Señor me llamó para la eternidad.

Pasado un tiempo luego de su muerte, sus hijas eligieron como nueva priora a la que había sido su primera novicia flamenca, Teresa de Jesús, que tuvo el difícil papel de sustituir a la única priora que habían conocido y de encauzar su proceso de beatificación y canonización. Pronto se multiplicaron los milagros, el primero tuvo lugar pocas horas después de su muerte, mientras la veneraban.

La infanta Isabel Clara Eugenia, junto a la reina María de Médici, fue una gran impulsora del proceso. Uno de los dos milagros valorados para la beatificación de Ana de San Bartolomé fue la curación instantánea, por imposición de su capa blanca, de la propia reina María de Médici en 1633; el otro fue la curación de un fraile carmelita del convento de Amberes, en 1731.

A pesar de las numerosas gracias y milagros testificados, el proceso se alargó interminablemente en el tiempo, en gran parte debido a las circunstancias políticas que atravesó Flandes hasta que, en 1830, se constituyó el Reino Católico de Bélgica y se retomó la causa. Al fin, el seis de mayo de 1917, en plena Primera Guerra Mundial, el papa Benedicto XV elevó al honor de los altares a esta ilustre carmelita, que había sido un faro de espiritualidad en la Centroeuropa del siglo XVII y que, en la solemne ceremonia de beatificación, en la basílica de San Pedro del el Vaticano, fue invocada como defensora de la paz.

Sus escritos complementan magníficamente las obras de Santa Teresa de Jesús y constituyen un valioso legado de la historia de la expansión del Carmelo Teresiano, ya que narran las vicisitudes de los últimos años de Santa Teresa y los avatares de las fundaciones en Francia y Flandes Una vez presentada, trata de ocultarse, mientras la madre parece sonreír con gran alegría porque percibe su cercanía con ella. La próxima en acercarse hacia el centro del espacio espiritual, en el que la luminosidad es más intensa, es conocida como Ana de Jesús. Es una figura algo difusa, pero con otro brillo diferenciador, debido a su personalidad. Con aire tímido, comienza su relato:

—Mi nombre en religión es Ana de Jesús y nací sordomuda. Mis padres se llamaron Diego de Lobera y Francisca Torres. Perdí a mi padre al poco tiempo de nacer. De un modo milagroso, recobré el habla hacia los siete años. Perdí a mi madre a los nueve años y, junto a mi hermano, mi abuela materna fue quien nos acogió.

»Yo deseaba ser religiosa e hice voto de castidad cuando tenía diez años, pero mi abuela no deseaba que entrase en religión; así que, cuando tenía quince años, los dos hermanos nos trasladamos a la casa de la otra abuela, en Plasencia. Era el año 1560 y permanecí allí diez años. Tuve la oportunidad de un encuentro con la madre Teresa a los dieciocho años.

»Después de una enfermedad que me causó bastante perjuicio y que duró tres meses, mi director espiritual me volvió a preguntar si deseaba entrar en las carmelitas. Fui aceptada, y el treinta y uno de julio viajé a Ávila, pero no pude conocer a madre Teresa hasta después de unos días.

»Muy pronto, antes de tomar el hábito, me trasladaron a una nueva fundación, en Salamanca, en el año 1570. Al año siguiente tomé el hábito y me encomendaron el oficio de sacristana y enfermera. Me tenían por una persona ensimismada. Estuve allí hasta 1575.

»No sé qué vería en mí madre Teresa para elegirme como compañera y encomendarme tareas de mucha responsabilidad. Me mandó como priora a Beas. Entonces tuve la oportunidad de conocer al padre Jerónimo Gracián y a San Juan de la Cruz.

»A partir de este momento, participé en varias fundaciones, como la de Granada, la de Málaga y la de Madrid.

»Tuve el gran honor de conocer a la hija de Felipe II, Isabel Clara Eugenia, con la que trabé una buena amistad. Desde Madrid, preparé las fundaciones de Huarte y Valencia. Regresé en 1586 a Salamanca para ser priora.

»Una serie de circunstancias me llevarían a Francia para iniciar las fundaciones. En 1604 estaba en París, al frente de una fundación bajo la advocación de la encarnación.

»Por entonces, Isabel Clara Eugenia se hallaba en Flandes como gobernadora. Como habíamos trabado amistad, me encargó que hiciera una fundación en Lovaina y Mons, en Bélgica.

»Mi muerte acaeció en 1621y el mismo año se inició un proceso ordinario de beatificación y canonización en las sedes de Malinas, Tournai, Cambrai, Arras y Amberes. Las declaraciones continuaron y se sucedieron hasta 1642 sin que el proceso siguiera adelante.

En 1881, en la diócesis de Malinas se abrió un proceso sobre su fama de santidad, vida y milagros. También se crearon nuevos decretos sobre sus escritos y la validez del proceso apostólico. En 1895, en Malinas, se inició un proceso sobre sus virtudes y milagros . Luego, en 1904, apareció otro decreto respecto a la validez del proceso apostólico, sin llegar a declarar sus virtudes heroicas.

Como se puede apreciar, su vida cobró mucha relevancia, pero sin llegar a la meta deseada de su canonización.

Mientras la madre Teresa escribía el libro de *Las fundaciones*, compartían celda en Salamanca. Ana estaba al tanto de todo lo que escribía la santa. Años más tarde, cuando la Inquisición sorprendió a la santa por el libro de su vida, esta consultó a Ana. Ella era la mejor conocedora de la obra de Teresa.

También San Juan de la Cruz le confió su *Cántico Espiritual*, que ella conservó hasta 1586, cuando lo entregó a la novicia Isabel de la Encarnación, que lo llevó a las fundaciones de Baeza y Jaén. Allí se encuadernaron y todavía se conservan.

Al ver por primera vez al santo maltrecho y muy acabado, Ana mandó a dos monjas a que le cantasen las liras en loor a los trabajos. Este quedó en éxtasis al oírlas. Muchos autores atribuyen esas liras a Ana, pero hoy en día no se conoce con exactitud su autor.

Ana fue la que, años después de la muerte de la santa, recopiló toda su obra. En1587, estando en Madrid, conoció a Fray Luis de León, a quien entregó dicha obra para su posterior publicación con el nombre de *Los libros de la madre Teresa de Jesús, fundadora de los monasterios de monjas y frailes de Carmelitas Descalzos de la primera regla*, Salamanca, 1588.

Cuando partió a Europa, el padre Jerónimo Gracián también la animó a escribir. Así, escribió su *Viaje a París*, como años antes le pidiera Gracián escribir la *Relación de la fundación de Granada*.

Los poemas de Ana no tienen mucha relevancia, pero sí sus declaraciones, escritos, actas y epistolario. Apenas nos han llegado obras autógrafas suyas, más bien han llegado copias. Algunos de sus escritores han desaparecido. En estos manifestaba tener una misión religiosa: propagar la reforma teresiana fuera de España; debía hacerlo por voluntad de Dios. Así, viajaría y viviría afuera del convento, siempre bajo el mandato divino. Sus cartas mostraban una mujer que sabía atender las necesidades materiales necesarias para expandir la orden. Esa fue la razón por la que abandonó la clausura y a ella dedicaría su vida.

Dejó una gran cantidad de cartas y documentos, aunque las cartas que le escribió la madre Teresa a Ana de Jesús fueron quemadas por ella, mandadas a destruir por la misma madre, en aquellos años en que tenían problemas con los Calzados. Ana lo recuerda con dolor en 1597.

Se conservan cincuenta y tres cartas escritas entre 1590 y 1621. Comprenden toda su vida religiosa, desde su priorato hasta unos días antes de su muerte. Son de un gran valor historiográfico, ya que hacen referencia a diversos personajes de la época. Estas cartas tienen un contenido diferente según sean sus destinatarios. Así, son diferentes las que dirige a Fray Diego de Guevara a las destinadas a sor Beatriz de la Concepción. Las primeras tratan sobre fundaciones monásticas, consejos espirituales, los problemas con la edición del *Libro* de *Job* Fray Luis de León o la traducción al flamenco de las obras de Santa Teresa; las segundas tienen un tono más íntimo y personal: escribe sobre sus sentimientos, el sufrimiento por la distancia que les separa o sus problemas de salud.

Después de estas presentaciones, en el centro de la escena aparecen Teresa Benedicta y Teresa del Niño Jesús. Se muestra más iluminadas que las anteriores. Entonces se puede apreciar que ambas tienen una distinción especial, por su patronazgo. Teresa Benedicta fue nombrada patrona de Europa y Teresita es celebrada como patrona de las Misiones. Es como si tuvieran una aureola de santidad más amplia, sin embargo, no quieren ser objeto de distinción alguna. Teresita calla mientras se presenta Edith.

Comienza afirmando que su raza es judía y que se siente muy honrada de pertenecer al pueblo de Israel. Cuando manifiesta los detalles de su conversión, la madre se siente conmovida. Cree entender cómo se vale Dios para encaminar una vida por los acontecimientos más circunstanciales.

En este primer encuentro no toman parte estas dos religiosas. Parece que deseaban reconocer que se trataba de una primera relación entre las que fundaron y expandieron el Carmelo en su reforma.

Es preciso conocer el momento, la personalidad y las relaciones que surgen entre aquellas valerosas mujeres del siglo dieciséis.

En un nuevo espacio luminoso, aunque los límites no se pueden precisar, porque todo es claridad envolvente, vuelven a aparecer, simultáneamente, las protagonistas del primer encuentro. A pesar de que no existe corporeidad, se distinguen muy bien unas de otras, con sus características personales.

Como siempre, Teresa guía al conjunto y suscita en ellas una cuestión relativa a su vocación, en relación con su época y costumbres. Ella misma manifiesta cómo tuvo que superar muchas dificultades y que esa llamada al seguimiento de Jesús tuvo unos precedentes poco claros. Siempre estuvo muy atenta a las prácticas de piedad, pero en su adolescencia no podía sospechar que el Señor la llamaba para su entrega total al amor que él le brindaba. Entendió, más tarde y con bastante lucha, que la llamada a la vida religiosa era el designio de Dios para su vida. Vocación es igual a llamada, que debe ser percibida como tal. Luego, la respuesta es personal, de abandono a la voluntad del amado. Teresa se explaya con su modo de sentir, tan rico y expresivo, hablando de cómo tuvo experiencias místicas que fueron configurando esa respuesta.

Como el tiempo no puede medirse, por carecer de referente, todo transcurre en sucesiones claras pero imprecisas.

Ana de San Bartolomé, después de una pausa, expresa con la gran fuerza interior que nace de su espíritu que para ella todo estuvo siempre muy claro: debía estar al servicio del Señor y consagrarle toda su vida. Afirma con contundencia la visión tan clara que tuvo de niña de la madre de Dios y del lugar al que pertenecía. Sabe que es un gran privilegio que se hizo realidad después de muchos obstáculos familiares y plantea una cuestión a las asistentes:

¿Por qué casi siempre la familia rechaza esa opción de vida para sus hijas? ¿Seguirá pasando lo mismo en los tiempos actuales?

Ana de Jesús muestra su asentimiento, porque ella también tuvo que superar obstáculos familiares. Pero siempre aparece algún hecho extraordinario que facilita el feliz permiso y acompañamiento.

Una de las recién incorporadas, Teresa del Niño Jesús, con ese destello especial que la acreditaba como patrona, parece discrepar y transmite que en su caso las dificultades no estaban en la familia, que gozosa la ofrecía al Señor para esa vida en plena adolescencia. Entonces era la misma iglesia y hasta la comunidad la que planteaba serios obstáculos. Sí, toda vocación femenina al claustro parece exigir firmeza, decisión y mucha superación a la mujer.

Madre Teresa señala a otra de las presentes que estaba algo alejada y silenciosa.

Toma protagonismo, mientras expresa que ella procede de otro ámbito religioso y que, desde ese planteamiento, aparecieron toda clase de dificultades. Era judía de raza y religión, pero buscó la verdad y la encontró en Jesús, por medio de Teresa, mientras leía sus escritos. Después de muchas luchas y vicisitudes de índole política y de la condición de ser mujer en su época, muy reciente, su decisión de entrega a su vocación no encontró obstáculos, porque ya los había sufrido antes, pero sí le llevaron al martirio. Así, con gran seguridad, afirma que el seguimiento de Cristo exige cualidades firmes y valientes, sea la época que sea. Serán de distinta índole, pero no hay duda de que la familia, en primer lugar, o la misma iglesia, o la sociedad, no facilitarán tomar esa decisión.

Madre Teresa vuelve a intervenir y, con esa manera de expresar su pensamiento, tan sencilla y clara, hace referencia a otros casos de hijas fieles de la Virgen del Carmen que sufrieron por el mismo motivo. Aunque la mujer no gozaba de auténtica libertad en el desarrollo histórico, porque su dependencia de la familia y sobre todo de la autoridad de los padres era un gran obstáculo para que tomase decisiones respecto a su persona, se ve cómo el Señor ayudó, de las más diversas maneras, para que ellas pudiesen llegar a la meta deseada por él. Unas veces se valió de enfermedades, de circunstancias diversas y hasta de persecuciones, pero, finalmente, la fuerza del Espíritu hizo posible que todas las elegidas pudiesen dar su «sí» generoso como ofrenda al Señor.

Con gran contundencia, la madre sigue afirmando que para Dios no existe nada que no pueda resolver de las maneras más imprevisibles. Así, se nos muestra quien todo puede y todo sabe.

Del mismo modo en que se produce esa reunión, poco a poco se va desvaneciendo y todo queda en un silencio espiritual.

Esta vez hay una gran asistencia y son tantos los espacios gloriosos ocupados que se asemeja a una multitud. Como siempre, la madre Teresa parece ocupar una especie de lugar central.

Entre todas las asistentes aparecen muchas almas nuevas. Entonces se vuelve a la escena del primer día, a su presentación personal.

Quien va a presentarse tiene un aspecto distinto, su luz es muy delicada, pero con destellos de distinto color. Acercándose en intensidad, comienza su presentación:

Soy Joaquina Vedruna, la menor de los tres hijos de Lorenzo y Teresa. Nací en Barcelona el dieciséis de abril de 1783. Mi familia, la familia Vidal a la que pertenecía mi madre, se consideraba de clase alta por su relación con la nobleza. En cuanto a mi padre, por ser procurador, se le concedía cierta relevancia social. Tuve una esmerada educación en el campo espiritual y social. Tanto es así que a los doce años me dirigí a la madre de carmelitas solicitando mi ingreso en el convento de Barcelona. Como es normal, no tuve éxito en mi demanda y mi vida cambió de rumbo. A los dieciséis años contraje matrimonio, en 1799, con Teodoro, un amigo de la familia que tenía la misma profesión que mi padre. De ese matrimonio nacieron ocho hijos. Perdí a mi esposo cuando contaba con treinta y tres años, en 1816.

»De mis hijos, dos murieron siendo niños y cuatro hijas se consagraron a Dios, dos franciscanas y dos del Císter. Mi hijo quiso ser trapense, pero su salud no le permitió perseverancia. Más tarde contrajo matrimonio, como también lo hizo Inés, de cuya unión nacieron seis hijos. Naturalmente, también algunos de ellos fueron llamados a la vida religiosa.

»El acontecimiento que marcó definitivamente mi vida tuvo que ver con la invasión de Napoleón. Mi esposo optó por desplazarse a un lugar aislado cerca del Montseny, esperando a que pasase el peligro. Se alistó para la lucha y murió cuando yo contaba con treinta y tres años, como ya he mencionado.

»Entonces encaminé mi vida hacia obras de caridad en hospitales y al cuidado de la infancia abandonada. Tuve buenos consejeros, como el padre Esteban de Olot y, más tarde, el obispo de Vich.

»Por fin opté por la profesión religiosa en el Carmelo. El seis de enero de 1826, diez años después de enviudar, hice mi profesión religiosa.

»Orientada hacia la fundación de una congregación activa, inicié una comunidad con unas ocho jóvenes, pero, como suele suceder, los contratiempos fueron aumentando.

»Al fin pude dar nombre a la nueva congregación de carmelitas de la caridad, la cual se añadía de vida activa con espíritu teresiano. El nacimiento de una obra suele encontrar múltiples dificultades, lo que sucedió en mi caso. No obstante, por obra del Señor se fueron superando mientras se iba expandiendo en comunidades dentro del entorno de Cataluña: Tárrega, Barcelona, Solsona, Manresa, Vic y Cardona.

»Otro contratiempo me obligó a trasladarme fuera de España, debido a las guerras carlistas. Regresé en 1842 y en 1850 se hizo realidad la aprobación canónica de esta nueva congregación.

»Mi salud se fue quebrando y tuve un ataque de apoplejía que se complicó con la epidemia de cólera. Finalmente, el Señor me llamó junto a él el veintiocho de agosto de 1854.

»Después de mi muerte, fui beatificada por el santo padre Pío XII en 1959 y el papa Juan XXIII tuvo a bien llevarme a los altares.

»Ya he dado cuenta de mi vida, muy extensa en acontecimientos, pero no hubo nada excepcional en ella. Solo seguí los impulsos que el Señor tuvo a bien inspirarme.

Después de esta presentación, un alma gloriosa y de extrema delicadeza parece acercarse a un punto cercano con gran sigilo. Todas las presentes centran su mirada en ella.

Madre Teresa le atrae hacia sí y entonces comienza la narración de su vida:

—Me llamo Isabel y fui nacida en Francia, en un campamento militar al que mi padre pertenecía, en Avor, cerca de Bourges. Tuve una hermana menor con la que me uní en una gran relación. Perdí a mi padre, que era capitán, por una muerte violenta cuando tenía siete años, lo que me causó una gran impresión, fuerte y duradera. Mi temperamento era muy sensible y todo me dejaba huella. Podría decirse que era alegre, impulsiva, sensible y con gran facilidad para experimentar amor. Nunca supe lo que era el rencor.

»Respecto a mi vida espiritual, dada la educación recibida, era muy consciente de los dones que el Señor me concedía. A los catorce años sentí un gran impulso que me llevó a consagrarme al Señor con un voto de virginidad. Sin embargo, como suele suceder, mi madre se opuso y debí esperar a la mayoría de edad. Mientras tanto, llevé una vida normal para una chica de mi edad, disfrutando de viajes y de mi pasión por la música, para la que estaba muy bien dotada, frecuentando amistades y otras diversiones. Yo misma dejé escrito que vivía en el mundo sin ser del mundo.

»También pude participar en obras de apostolado, como catequista, en el coro parroquial y en obras de misericordia, entre otras.

»A los veintiún años por fin pude entrar en el Carmelo, en 1901. Tuve una gran experiencia de sufrimiento y sequedad espiritual que duró hasta que hice los votos perpetuos. Fue entonces cuando descubrí la verdadera espiritualidad, al leer a Juan de la Cruz, a Teresa del Niño Jesús y a San Pablo. Todos ellos me llevaron a la gran experiencia que marcaría toda mi existencia: la Santísima Trinidad, el gran amor por Jesús en la eucaristía y el secreto de la felicidad que solo está en vivir la intimidad con Dios. Pude experimentar y escribir sobre estas vivencias por poco tiempo, porque la enfermedad de Addison me llevó a la muerte cuando tenía veintiséis años.

»Escribí muchas cartas y pensamientos en los que voy señalando mi trayectoria espiritual, basada en la grandeza del amor.

Isabel queda en un silencio espiritual. Ya se ha presentado y tímidamente se va apartando del círculo luminoso que es el lugar de encuentro. Entonces se produce un torbellino de imágenes gloriosas, como expresando la acogida. Este queda entre todas ellas, guardando su propia identidad.

Han sido dos mujeres que tuvieron diversas oportunidades en la vida, pero a quienes unió el mismo espíritu de colaboración con el cielo en la salvación de las almas.

Hoy es un día especial para las carmelitas: en la iglesia terrenal se celebra la santidad de Benedicta de la Cruz y su patrocinio sobre Europa. Este acontecimiento también tiene repercusión en el ámbito espiritual y se ha convocado a la mayoría de las hijas de Teresa.

En este escenario luminoso, con perfiles distintivos que identifican a cada una de las almas, van apareciendo Teresa, Benedicta, Teresa del Niño Jesús, Isabel de la Trinidad, Ana de san Bartolomé, Joaquina Vedruna, Ana de Jesús y aquellas que todavía no se han presentado.

Como siempre, las nuevas van situándose en mayor proximidad y se van presentando, dando su nombre.

Con una voz espiritual, algo tímida, aparece un alma con rasgos muy peculiares:

—Soy Teresa de los Andes y en mi vida mortal nací en Chile el trece de julio de 1900. Me impusieron el nombre de Juana Enriqueta Josefina de los Sagrados Corazones, pero en la vida religiosa todo se trocó en hermana Teresa. Tuve seis hermanos y mis padres se llamaron Miguel y Lucía, de posición acomodada y en cuya familia recibí la esmerada educación de los mejores colegios de la capital. Al recibir la primera comunión, en 1909, «nuestro Señor me hablaba después de comulgar. Pero mi devoción especial era la Virgen: le contaba todo». Pasé mucho tiempo gravemente enferma. A los quince años hice voto de virginidad, conocí a las carmelitas de los Andes y me robaron el corazón. Después de pensarlo muy bien, decidí abrazar su vida. Obtenidos los debidos permisos, ingresé el siete de mayo de 1919 en el Carmelo de los Andes.

»El catorce de octubre comencé el noviciado. Escribí muchas cartas llenas de amor de Dios y con deseos de hacer mucho bien a sus destinatarios.

»Viví sumergida en Dios, «mi centro y mi morada», con deseos de ser «corredentora del mundo» por medio de «oración, trabajo y alegre vida fraterna».

»A primeros de marzo de 1920 escribí sobre la muerte: «Para una carmelita, la muerte no tiene nada de espantable, va a vivir la vida verdadera. Va a caer en brazos del que amó aquí en la tierra sobre todas las cosas. Se va a sumergir eternamente en el amor».

»El dos de abril, viernes santo, hice mi profesión religiosa. Me encontraba gravemente enferma.

»El doce de abril, a las 19:15 horas, cuando contaba con diecinueve años, nueve meses de vida y once meses de carmelita, entré en el cielo. Sobre mis ideas espirituales se escribieron estas frases:

»«A pesar de su juventud (diecinueve años) y de su cortísima vida en el Carmelo (once meses), su edad es rica y transparente».

Leyendo su precioso y abundante epistolario, además de su diario, escrito desde1917 con el título de *Historia de la vida de una de sus hijas*, pueden apreciarse los quilates de esta alma extraordinaria.

Amó tiernamente a Jesús. Refiriéndose a primera comunión, dice: «Jesús, desde ese primer abrazo, no me soltó y me tomó para sí. Todos los días comulgaba y hablaba con Jesús largo rato...».

«La mirada de mi crucifijo me sostiene... ¡Qué feliz soy! He sido cautivada en las redes del Divino Pescador. El ocho de diciembre me comprometí. Mi pensamiento no se ocupa sino de ... Jesús mío, he visto que solo una cosa es necesaria: amarte y servirte con fidelidad; parecerme y asemejarme en todo a ti. En eso consistirá mi ambición».

Y a María, de un modo todo especial: «La Virgen me ayudó a limpiar mi corazón de toda imperfección... Mi devoción especial era la Virgen. Le contaba todo. Sentía su voz dentro de mí misma...

Mi espejo ha de ser María. Puesto que soy su hija, debo parecerme a ella y así me pareceré a Jesús».

Su amor al Carmelo, a las almas y a sus seres queridos son otras facetas de su espiritualidad.

Su mensaje

- Que estamos dispuestos a dejarlo todo por seguir a Jesús.
- Que nuestros amores básicos sean Jesús y María.
- Que nuestra familia no sea obstáculo sino medio para seguir a Jesús.
- Que amemos con toda el alma a nuestra Orden del Carmen.

—Cristo fue mi ideal, mi único ideal. Me enamoré de él.

Su aureola, después de esta presentación, dejaba entrever su procedencia distinta y su angelical modo de entender la vida religiosa.

Se va retirando de esa atención y aparece un grupo muy numeroso de vírgenes con una distinción algo rojiza en su luminosidad, como coronadas por haber llegado a la gloria de otro modo. En un susurro, se presentan como las mártires de Compiègne. Son dieciséis y, como referencia, una de ellas hace la presentación, la que fuera priora en ese entonces, Teresa de San Agustín. Comienza con la historia:

—Hacía siglo y medio que las carmelitas descalzas de Amiens habían fundado en Compiègne, una ciudad de Oise. La fundación data de 1641, treinta y siete años después de que la beata Ana de San Bartolomé, con Ana de Jesús y otras cuatro monjas españolas, hubiera llegado a Francia para iniciar la reforma.

»Al estallar la revolución, en 1789, las monjas rehusaron despojarse de su hábito carmelita. Cuando los disturbios fueron aumentando, entre junio y septiembre de 1792, tuve una inspiración como priora: todas se ofrecerían al Señor en holocausto para aplacar la cólera de Dios y para que la paz divina, traída al mundo por su amado hijo, fuese devuelta a la iglesia y al Estado. El acto de consagración, emitido incluso por dos religiosas ancianas que al principio se opusieron ante el solo pensamiento de la guillotina, se convirtió en un ofrecimiento diario hasta el día del martirio, dos años después.

»La Asamblea Nacional Constituyente había hecho público un decreto por el cual se exigía que los religiosos fuésemos considerados como funcionarios del Estado. Debíamos prestar juramento a la Constitución y nuestros bienes serían confiscados. Era el año 1790. Miembros del directorio del distrito de Compiègne, cumpliendo órdenes, se presentaron el cuatro de agosto de aquel año en el monasterio a hacer inventario de las posesiones de la comunidad. Tuvimos que dejar sus hábitos y abandonar su casa. Cinco días después, obedeciendo los consejos de las autoridades, firmaron el Juramento de Libertad-Igualdad. Los religiosos que se negaban a firmarlo eran deportados.

»Después fuimos separadas. Hicieron cuatro grupos que vivían en distintos domicilios, pero continuamos practicando la oración y entregándonos a la penitencia, como antes.

»La regularidad y el orden se ajustaba, en todo lo posible, a la vida y el horario conventuales. Los jacobinos de la ciudad lo notaron y encontraron en ello motivo suficiente para denunciarnos al Comité de Salud Pública, cosa que hicieron sin pérdida de tiempo.

«El Régimen del Terror estaba oficialmente establecido en Francia y había llegado, en aquellos momentos, al más alto nivel imaginable. El rey había sido ejecutado y el Tribunal Revolucionario trabajaba sin descanso, enviando cientos de ciudadanos sospechosos a la muerte.

»La denuncia de las carmelitas decía que, pese a la prohibición, seguían viviendo en comunidad, que celebraban reuniones sospechosas y mantenían correspondencia criminal con fanáticos de París.

»Convenía presentar pruebas. Con ese objeto, se efectuó un minucioso registro en los domicilios de los cuatro grupos. El co-

mité encontró diversos objetos que fueron considerados de gran
interés y altamente comprometedores. A saber: cartas de sacerdotes en las que se trataba bien de novenas y de escapularios o bien
de dirección espiritual. También se halló un retrato de Luis XVI
e imágenes del Sagrado Corazón. Todo ello era suficiente para
demostrar la culpabilidad de las monjas. El comité, pues, redactó un informe en el que explicaba cómo, «considerando que las
ciudadanas religiosas, burlando las leyes, vivían en comunidad»,
nuestra correspondencia era testimonio de que tramábamos, en
secreto, el restablecimiento de la monarquía y la desaparición de
la república. Nos mandaban a detener y encerrar en prisión.

»El veintidós de junio de 1794 fuimos recluidas en el monasterio de la Visitación, que se había convertido en cárcel. Allí es-
peramos la decisión final que tomaría el Comité de Salud Pública
sobre nuestra suerte, asesorado por el Comité Local. Entonces
acordamos retractarnos del juramento prestado antes, «prefirien-
do mil veces la muerte mejor que ser culpables de un juramento
así». Esta resolución nos llenó de serenidad. Cada día aumentaba
el peligro, pero nos sentíamos más fuertes. Continuamos dedi-
cadas a orar y a dar gracias de estar en prisión, porque podíamos
hacerlo juntas, como en el convento. No nos veíamos obligadas a
ocultarnos y ello nos procuraba un gran alivio.

»Transcurridos unos días, justamente el doce de julio, el Comité de Salud Pública dio órdenes de que fuéramos trasladadas a
París. El cumplimiento de tales órdenes fue exigido en términos
que no admitían demora. No hubo tiempo para que las hermanas
tomáramos nuestra ligera colación ni cambiásemos nuestra ropa,
que estaba mojada porque habíamos estado lavando. Nos hicieron
montar en dos carretas de paja y nos ataron las manos a la espal-
da. Escoltadas por un grupo de soldados, salimos para la capital.
Nuestro destino era la famosa prisión de la Conserjería, antesala
de la guillotina, abarrotada de sacerdotes y laicos cristianos, igual-
mente condenados.

»Nadie nos ayudó a descender de los carros al final del viaje.
A pesar de las ligaduras y de la fatiga causada por el incómodo
transporte, fuimos bajando solas. Sin embargo, una de las herma-

nas, enferma y octogenaria, Carlota de la Resurrección, impedida por las ataduras y la edad, no sabía cómo llegar al suelo. Los conductores de las carretas, impacientados, la cogieron y la arrojaron violentamente sobre el pavimento. Era una de las religiosas que, dos años antes, había sentido miedo frente al pensamiento de una muerte en el patíbulo y había dudado de ofrecerse en sacrificio. Pero en este momento ya era valiente y, levantándose maltrecha, como pudo, dijo a los que la habían maltratado:

»—Créanme, no les guardo ningún rencor. Al contrario, les agradezco que no me hayan matado, porque, si hubiera muerto, habría perdido la oportunidad de pasar la gloria y la dicha del martirio.

»Como si nada hubiese ocurrido, en la Conserjería proseguimos nuestra vida de oración prescrita por la regla. No nos dejábamos perturbar por los acontecimientos.

»Testigos dignos de crédito declararon que se nos podía oír todos los días, a las dos de la mañana, recitar nuestros oficios.

»La última fiesta fue la del dieciséis de julio, la de Nuestra Señora del Carmen. La celebramos con el mayor entusiasmo, sin que nuestro comportamiento denotase la menor preocupación por un instante. Por la tarde recibimos un aviso de comparecer ante el Tribunal Revolucionario al día siguiente. La noticia no nos impidió cantar, sobre la música de *La Marsellesa*, unos versos improvisados con fe en nuestra victoria, temor y confianza, los cuales se conservan en el convento de Compiègne.

»Escuchamos ante el Tribunal cómo el acusador público, Fouquier-Tinville, nos atacaba durísimamente: «Aunque separadas en diferentes casas, formaban conciliábulos contrarrevolucionarios en los que intervenían ellas y otras personas. Vivían bajo la obediencia de una superiora y, en cuanto a sus principios y sus votos, sus cartas y sus escritos son suficiente testimonio».

»Fuimos sometidas a un interrogatorio muy breve. Sin que se llamara a declarar a un solo testigo, el Tribunal nos condenó a muerte a las dieciséis carmelitas, culpables de organizar reuniones y conciliábulos contrarrevolucionarios, de sostener correspondencia con fanáticos y de guardar escritos que atentaban contra la libertad. Sor Enriqueta de la Providencia preguntó al presidente qué entendía por la palabra «fanático» que figuraba en el texto del juicio. La respuesta fue:

»—Entiendo por esa palabra su apego a esas creencias pueriles, sus tontas prácticas de religión.

»Era el amor a Dios, nuestra fidelidad a los votos y a la religión lo que nos hacía merecedoras de la pena capital.

»Una hora después, subimos en las carretas que nos conducirían a la Plaza del Trono Derrocado, hoy Plaza de la Nación. En el trayecto, la gente nos miraba pasar, demostrando diversidad de sentimientos; unos injuriaban, otros lo admiraban. Íbamos tranquilas, todo lo que se movía alrededor nos era indiferente. Cantamos el *Miserere* y luego el *Salve, Regina*. Al pie de la guillotina, entonamos el *Te Deum*, canto de acción de gracias; terminado este, el *Veni Creator*. Por último, hicimos renovación de las promesas del bautismo y de los votos de religión.

»Una joven novicia, sor Constanza, se arrodilló delante de mí, como priora, con la naturalidad con que lo hubiera hecho en el convento. Me pidió la bendición y que le concediera permiso para morir. Luego, cantando el salmo *Laudate dominum omnes gentes*, subió decidida los escalones de la guillotina. Una tras otra, todas las carmelitas repetimos la escena. Una a una, recibieron mi bendición antes de ser guillotinadas.

»Al final, después de haber visto caer a todas mis hijas, entregué mi vida al Señor, poniendo la cabeza en las manos del verdugo.

Así realizó lo que solía decir: «El amor saldrá siempre victorioso. Cuando se ama, todo se puede».

Era el día diecisiete de julio de 1794 por la tarde.

Prevaleció un silencio absoluto durante todo el tiempo en que los ejecutores seguían el procedimiento. Las cabezas y los cuerpos de las mártires fueron enterrados en un pozo de arena profundo, de casi nueve metros cuadrados, en el Cementerio Parisino de Picpus. Como este pozo de arena fue el receptáculo de los cuerpos de mil doscientas noventa y ocho víctimas de la revolución, no parece haber muchas esperanzas de recuperar sus reliquias. Una placa de mármol con el nombre de las mártires y la fecha de su muerte figura sobre la fosa, en ella hay grabada una frase en latín que dice: «Beati qui in Domino moriuntur». Felices los que mueren en el Señor.

Sus nombres eran los siguientes:

Madeleine-Claudine Ledoine (madre Teresa de San Agustín), priora nacida en París el veintidós de septiembre de 1752. Profesó el dieciséis o diecisiete de mayo de 1775.

Marie-Anne (o Antoinette) Brideau (madre San Luis), subpriora nacida en Belfort el siete de diciembre de 1752. Profesó el tres de septiembre de 1771.

Marie-Anne Piedcourt (hermana de Jesús Crucificado), miembro del coro nacida en 1715. Profesó en1737. Al subir al patíbulo dijo «los perdono tan de corazón como deseo que Dios me perdone a mí».

Anne-Marie-Madeleine Thouret (hermana Charlotte de la Resurrección), sacristán, nacida en Mouy el dieciséis de septiembre de 1715. Profesó el diecinueve de agosto de 1740. Fue supriora dos veces, en 1764 y en 1778. Su retrato está reproducido en la página opuesta de la segunda página del trabajo de la Sta. Willson citado debajo.

Marie-Antoniette o Anne Hanisset (hermana Teresa del Santo Corazón de María), nacida en Rheims en 1740 o en 1742. Profesó en 1764.

Marie-Françoise Gabrielle de Croissy (madre Henriette de Jesús), nacida en París el dieciocho de junio de 1745. Profesó el veintidós de febrero de 1764. Fue priora desde 1779 hasta 1785.

Marie-Gabrielle Trézel (hermana Teresa de San Ignacio), miembro del coro nacida en Compiègne el cuatro de abril de 1743. Profesó el doce de diciembre de 1771.

Rose-Chrétien de la Neuville, viuda, miembro del coro (hermana Julia Luisa de Jesús), nacida en Loreau (o Evreux), en 1741. Probablemente, profesó en 1777.

Anne Petras (hermana María Henrieta de la Providencia), miembro del coro nacida en Cajarc (Lot), el diecisiete de junio de 1760. Profesó el veintidós de octubre de 1786.

Con respecto a la hermana Eufrasia de la Inmaculada Concepción, los reportes varían. La Srta. Willson dice que su nombre era Marie Claude Cyprienne Brard y que nació el doce de mayo de 1736. Pierre, por su parte, dice que su nombre era Catherine Charlotte Brard y que nació el siete de septiembre de ese mismo año. Nació en Bourth y profesó en 1757.

Marie-Geneviève Meunier (hermana Constanza), novicia nacida el veintiocho de mayo de 1765 o de 1766 en St. Denis. Recibió el hábito el dieciséis de diciembre de 1788. Subió al patíbulo cantando *Laudate Dominum..*

Además de las personas mencionadas arriba, tres hermanas laicas y dos torneras sufrieron el martirio. Las hermanas laicas son:

Angélique Roussel (hermana María del Espíritu Santo), hermana laica nacida en Fresnes el cuatro de agosto de 1742. Profesó el catorce de mayo de 1769.

Marie Dufour (hermana Santa Marta), hermana laica nacida enBeaune el primero o el dos de octubre de 1742. Entró a la comunidad en 1772.

Julie o Juliette Vérolot (hermana San Francisco Javier), hermana laica nacida en Laignes o Lignières el once de enero de 1764. Profesó el doce de enero de 1789.

Las dos tourières que no eran Carmelitas, sino simplemente sirvientas de la comunidad, eran Catherine y Teresa Soiron, nacidas respectivamente el dos de febrero de 1742 y el veintitrés de enero de 1748 en Compiègne. Ambas estaban al servicio de la comunidad desde 1772.

La iglesia declaró que el sacrificio de aquellas nobles mujeres no había sido en vano, puesto que «apenas habían transcurrido diez días de su suplicio cuando cesaba la tormenta que durante dos años había cubierto el suelo de Francia de sangre de sus hijos» (decreto de declaración de martirio, veinticuatro de junio de 1905).

El cardenal Richard, arzobispo de París, inició el proceso de su beatificación el veintitrés de febrero de 1896. El dieciséis de diciembre de 1902, el papa León XIII declaraba venerables a las dieciséis carmelitas. Se sucedieron los milagros como una garantía de su santidad y el veintisiete de mayo de 1905 San Pío X declaraba beatas a aquellas «que, después de su expulsión, continuaron viviendo como religiosas y honrando devotamente al Sagrado Corazón».

Los milagros probados durante el proceso de beatificación fueron:

La curación de la hermana Clara de San José, una hermana laica carmelita de Nueva Orleans, cuando se encontraba a punto de morir de cáncer en junio de 1897.

La curación de Abbé Roussarie, del seminario de Brive, cuando se encontraba a punto de morir en 1897.

La curación de la hermana Santa Marta de San José, una hermana laica carmelita de Vans, que tenía tuberculosis y un absceso en la pierna derecha, el primero de diciembre de 1897.

La curación de la hermana San Miguel, una franciscana de Montmorillon, el nueve de abril de 1898.

Las benedictinas de Stanbrook, en Inglaterra, conservan muchas de las ropas que las mártires estaban lavando en la cárcel cuando fueron conducidas a la guillotina. Estas reliquias provienen de las benedictinas de Cambrai, que se hicieron cargo de ellas.

Con un gran respeto se van alejando del centro visual. Entonces todas, a coro, entonan un cántico espiritual.

Esta nueva reunión, siempre presidida por madre Teresa, va a facilitar el conocimiento de otras hermanas. Aparece una figura con una luminosidad diferente, algo más opaca, presentándose así:

Mi nombre es Teresa Adelaida Cesina Manetti. Nací el dos de marzo de 1846 en el seno de una familia humilde, en un pueblito cercano a Florencia. Todos me llamaban «Bettina». Quedé huérfana de padre muy pronto. A pesar de mi pobreza, ayudaba a los necesitados. En 1872, junto a otras compañeras, me retiré a una casita de campo y allí «orábamos, trabajábamos y se reunían con nosotras algunas jóvenes para educarlas con buenas lecturas y enseñarles la doctrina cristiana».

»El dieciséis de julio de1876 fuimos admitidas a la tercera Orden del Carmen Teresiano, donde tomé el nombre de Teresa María de la Cruz. Nos dedicamos a la educación y cuidado de niñas huérfanas.

»El doce de julio de1888 las veintisiete primeras religiosas nos agregamos a la Orden de Carmen Descalzo.

»El veintisiete de febrero de1904 el papa Pío X aprobaba nuestro instituto con el nombre de Terciarias Carmelitas de Santa Teresa.

»Tuve la dicha de ver al instituto extenderse hasta Siria y al Monte Carmelo de Palestina.

»Nunca tuve buena salud y también experimenté la noche oscura en el alma, pero mi confianza en el Señor estuvo presente. No desfallecía, a pesar de mi calvario. Estuve dotada por el Señor de una gran ansiedad por hacer el bien, aun después de pasar por pruebas muy duras de sequedad espiritual.

»Dediqué algún tiempo a escribir sobre mis experiencias espirituales. Muchas personas se acercaban a solicitar mis consejos.

El Espíritu obraba por medio de mí y se resolvían cuestiones por medio de la paz y la oración:

»Quisiera hacer de todos los corazones un solo corazón y meterlo en el Corazón de Jesús».

»Mi gran vocación fue la cruz y habría deseado estar crucificada con Cristo.

»Mi pequeño mensaje puede resumirse en:

»Que los pobres y abandonados sean nuestros preferidos.

»Que estemos dispuestos a arrastrar toda clase de sufrimientos por Cristo y por nuestros hermanos.

»Que la eucaristía y María sean nuestros maestros y nuestro consuelo.

»Que la cruz sea nuestro mejor libro y maestro.

Así, de un modo sencillo, Teresa María expone y presenta su vida, mientras el resto, ya muy numeroso, observa complacido este nuevo carisma que emana del Carmelo.

Como es un día de presentaciones, aparece en el centro de la comunidad otra figura luminosa, pero con distinta tonalidad. Ya sabemos que cada tonalidad representa un carisma. Ella es Leonor Giuliani, más tarde llamada Arcángela Giulani. Con mucho respeto y sencillez, comienza su presentación:

—Nací en Trino de Montferrato, en Italia, por los últimos años del siglo XV. Tuve una infancia muy normal y con formación cristiana. Cuando quise tomar estado, mis padres se opusieron a que entrase en religión.

»Al fin, llevada por mi vocación, entré en la congregación mantuana, que al principio estaba en todo su esplendor. Fundé un convento de monjas de clausura en Parma, donde cambié mi nombre por el de Arcángela en 1477. A pesar de mis debilidades, me nombraron priora y lo acepté por considerar que era la voluntad del Señor. El Espíritu Santo se sirvió de mí, dotándome del don de consejo y consuelo. Así desarrollé mi vida conventual durante los quince años que permanecí allí. Los superiores determinaron hacer una nueva fundación de monjas en Mantua y me eligieron para poner la piedra fundamental.

»Con gran sacrificio, obedecí al punto. Animada a seguir los caminos del Señor, en Mantua inicié la misma vida que seguía en Parma, por lo que pronto los habitantes de Mantua se percataron del bien que Dios les había proporcionado con el convento de las carmelitas.

»Las matronas, a porfía, llevaban a sus hijas con el fin de que las instruyera en los caminos del Señor. El efecto no se hizo esperar, pues siete de aquellas jóvenes tomaron el hábito y se santificaron en el claustro.

»Una penosa enfermedad me llevó a la muerte, pero antes reuní a mis religiosas para darles mis últimos consejos y expiré diciendo:

»—Jesús, amormío, ten piedad de mí.

»Era el veinticinco de enero de1495 y me enterraron en el mismo convento de Mantua. Más tarde, me trasladaron a la Iglesia del Hospital de San Lorenzo de Turín.

Su espiritualidad

Siempre se distinguió por su fervor y por sus anhelos de perfección.

Desconfiando de sus fuerzas, puso su total confianza en el Señor, a quien deseaba amar como padre más que temerle como juez. Esta confianza en Dios fue el secreto que le impulsó a cubrir todas las etapas de su carrera espiritual.

Se propuso llevar continuamente la mortificación de Jesucristo. Para esto, se vistió de áspero cilicio; ayunaba frecuentemente con pan y agua; repetidas veces, tomaba sangrientas disciplinas y se dedicaba a la oración y a la lectura de la vida de los santos.

Con frecuencia, era arrebatada de éxtasis durante la oración.

Una noche de la natividad de Jesucristo, cantados los maitines, permaneció en éxtasis hasta la hora prima.

Un viernes santo, descalzándose para ir a adorar la cruz, fue arrebatada en éxtasis y permaneció todo el día en él.

Este amor de Dios tenía que traslucirse en el amor al prójimo y, efectivamente, era el consuelo de la ciudad de Mantua, ya que todos, en sus reveses y desgracias, acudían por remedio a la Beata Arcángela, consiguiendo, por su mediación, toda clase de favores.

Su mensaje

- Que los superiores sean los servidores de los hermanos.
- Que crezcamos en el amor a nuestro carisma carmelita.

Luego de esta presentación, Teresa interviene para dar gracias a tantas hijas que, bajo el signo del Carmelo, han dado testimonio de santidad en distintas facetas humanas y femeninas. Quiere proponer que a partir de ahora se reúnan como un nuevo coro de almas consagradas y traten cuestiones que puedan servir para traspasar al mundo sus mensajes.

Madre Teresa quiere dar acogida a todas las carmelitas que han alcanzado cierto protagonismo en la historia humana. Se trata de aplicar sus experiencias a la resolución de algunos problemas que ellas padecieron y superaron, cada una en sus circunstancias y época. Son muchísimas las hermanas que gozan de la presencia del Señor y que, aunque no han alcanzado un renombre entre los humanos, contribuyeron con su vida humilde al bien común y a la salvación de muchos. Estas almas, aunque no figuren, estarán presentes en los debates y podrán intervenir, si así lo desean.

Faltaba una presentación bastante singular.

La aparición no se hace esperar y su apariencia es muy destacada y grandiosa, tiene gran luminosidad y fuerza. La presentación deja constancia de una personalidad peculiar y dinámica. Cuando ocupa el lugar central, comienza a manifestarse:

Soy florentina, nacida el dos de abril de 1566. Mi familia pertenecía a la nobleza, a los Pazzi. Mis padres fueron Camilo y Magdalena María.

»Como era costumbre, me bautizaron al día siguiente y me impusieron el nombre de Catalina. A los diez años, cuando hice la primera comunión, hice voto de virginidad. El Señor me concedió una serie de manifestaciones extraordinarias. Una de ellas fue cuando tenía doce años y en presencia de mi madre.

»Estuve escolarizada durante ocho años en el internado de las Damas de S. Giovannino (San Juan de los Caballeros), donde gocé del privilegio de comulgar todos los días festivos. Cuando tenía quince catorce de agosto de 1582me permitieron entrar en el monasterio de carmelitas de Nuestra Señora Santa María de los Ángeles. El primero de diciembre de 1582 formé parte de su comunidad.

»Allí encontré respuestas a mis aspiraciones más íntimas, ya que se me permitía comulgar diariamente, algo excepcional para aquellos tiempos. El treinta de enero de 1583 recibí el hábito y tomé el nombre de María Magdalena, en honor a la gran discípula y amiga de Jesús.

»En marzo de 1584 me sentí aquejada por una extraña enfermedad que la medicina consideró incurable. Por entonces, sufrí también de sequedad en la oración y de tentaciones a las que yo llamaba «entrar en el foso de los leones». Esto me fue preparando a desasirme de egoísmos y vaciarme de mí misma, para entregarme plenamente al Señor. Ante esta circunstancia, la madre priora permitió que adelantara los votos y la profesión, el veintisiete de mayo de 1584, en la fiesta de la Santísima Trinidad. Tuve que hacerlo desde una camilla, debido a mi situación de enfermedad.

»El Señor me concedió experiencias singulares: éxtasis que duraban horas, grandes favores y estigmas invisibles que quedaron grabados en mi corazón.

»Hubo un acontecimiento especial el veintiocho de abril de 1585: Jesús selló nuestro desposorio con un anillo místico.

»No todo fueron acontecimientos de alegría espiritual, también padecí pruebas a consecuencia de la renovación religiosa de la iglesia. Tuve abundante correspondencia con el santo padre y con obispos a los que aconsejaba renovación.

»Hubo un hecho muy sorprendente cuando falleció mi madre, el veinticuatro de agosto de 1590, porque se me apareció alegre y contenta.

»Tuve arrebatos de amor en cuantos oficios me destinaron, como ser sacristana y maestra de novicias.

»En 1604 desaparecieron los éxtasis y comenzó una etapa de oscuridad que duró hasta el momento de mi muerte, el trece de mayo de 1607.

»Mi cuerpo permaneció incorrupto y el Señor se valió de mí para realizar muchos prodigios.

»El papa Clemente IX me canonizó en 1669.

Termina su presentación, pero aparece un añadido que amplía lo que ella supuso para la iglesia y su espiritualidad.

Santa María Magdalena no escribió nada, pero fue llevada por la obediencia a confiar cuanto espiritualmente le sucedía. De este modo y dictadas por ella, se recogieron las relaciones de los favores celestiales recibidos. Algunas de estas relaciones se tomaron durante los éxtasis de la santa.

Las monjas carmelitas de Florencia conservan con cariño cinco libros que recogen las principales revelaciones y doctrina de Magdalena:

Los cuarenta días.

Los coloquios.

Las revelaciones e inteligencias.

La prueba.

Renovación de la iglesia.

Avisos, sentencias, cartas familiares.

Un buen conocedor de su doctrina ha podido escribir que las obras de Magdalena «abundan en conceptos sublimes, en visiones profundas, en interpretaciones agudas, en personificaciones vivísimas, en una edad de símbolos y en tantos sentimientos que no es posible desear más. No faltan páginas de una viveza ingenua, de una gracia exquisita que hacen brotar aquí y allá rosas de imágenes frescas. Las oraciones son espléndidas, llameantes como la espada de un querubín... A la belleza y el valor del contenido no siempre corresponde la belleza del vestido: aunque el lenguaje no es malo, el período no siempre es perfecto. Repite, deja frases sin concluir y usa demasiadas preposiciones y otras partículas. Pero nuestra carmelita no preparaba su obra en el escritorio: habla en éxtasis y eso lo dice todo» (R. Cioní).

Su espiritualidad

Aunque su espiritualidad ha quedado reflejada en cuanto precede, añadimos nuevas facetas.

Esta virgen carmelita es una de las más grandes místicas, extáticas y estigmatizadas de todos los tiempos. Después de casi cuatro siglos, su mensaje espiritual sigue siendo de gran actualidad.

Podemos sintetizar su espiritualidad en este punto: todo el mensaje de la santa gira en torno a lo que constituye el núcleo de cristianismo, «Dios es amor», «el amor es Dios». Es una premisa percibida con una claridad y evidencia extraordinaria, sentida con una intensidad irresistible y expresada con una insistencia incansable que hace de la vida y doctrina de esta santa (como una hoguera incandescente de amor), un éxtasis casi ininterrumpido que la arranca de todo lo terrenal para abismarla en el seno de la trinidad y abrasarlo todo en el amor.

Pero ante la soberbia e ingratitud humana, la santa no puede menos que dejar escapar, de continuo, un amargo quejido de dolor: «¡el amor no es amado!». Por eso, su más absorbente preocupación fue la de «hacer amar al amor». Y es que, en la visión de la extática florentina, el amor lo es todo; en el orden divino y en el humano, el amor es como un río impetuoso que brota de la profundidad de Dios, se desborda y lo invade todo.

La vida de Magdalena fue dura, un continuo martirio por las almas y por la iglesia, a la que amó apasionadamente. Y porque «amor es dolor», Magdalena se abrazó toda su vida a la «locura de la cruz», cuyas llagas llevó impresas en su cuerpo. Se ofreció víctima de amor por los pecadores, lanzando aquel grito jamás oído, «padecer y no morir».

Su celo por las almas no tenía límites. Gritaba por los claustros del Monasterio de Florencia « almas, Señor, dadme almas!».

Su gran anhelo estuvo plasmado en esta frase: «¡Jesús mío!, dame una voz potente que oiga el mundo entero: nuestro amor propio es el que nos ofusca vuestro conocimiento... El amor propio que es el contrario al vuestro, Señor... ¡Amor, haz que las criaturas no amen otra cosa que a ti!».

Para ello, la santa insistió en la «pureza, pureza, pureza», como solía repetir. Esa pureza es la desnudez total de la propia voluntad y la inmolación absoluta del propio yo, del juicio y del parecer propio, de todo deseo y satisfacción.

Es así como, contemplándola sabrosamente, Magdalena ha llegado a la verdadera profundidad del misterio divino, en la que se sumerge por completo y nos mueve a sumergirnos.

A pesar de su clausura, las maravillas de su vida y sus profundos escritos pronto traspasaron los umbrales del convento florentino. A raíz de su muerte empezó su veneración y la edición de su biografía y parte de sus obras.

Hay que situar y entroncar la espiritualidad de Santa María Magdalena de Pazzi en la espiritualidad carmelitana. El secular árbol del Carmelo ha florecido siempre con savia vigorosa y espléndida.

Algunas páginas de sus obras, especialmente las que se refieren a la contemplación del misterio de la santísima trinidad y al verbo encarnado, no solo merecen contar como trozos selectos en alguna antología de místicos cristianos, sino también en algún excelente tratado de teología, como ha escrito Thor-Salviat A. A.

La influencia doctrinal ejercida por María Magdalena en la espiritualidad y en la piedad ha sido muy notable, sobre todo en la Italia de los siglos XVII y XVIII. En estos dos siglos, son numerosas las ediciones de los éxtasis que se produjeron. Por otro lado, hay casi trescientos vocablos bibliográficos magdalenianos. El representante más famoso de esta influencia es, quizá, San Alfonso María de Ligorio, que la cita frecuentemente en sus obras.

Su mensaje:

- Que hay que ser valiente y dejarlo todo por el Señor.
- Que la eucaristía debe ser nuestro alimento indispensable.
- Que María sea nuestra superiora y modelo.
- Que debemos crecer cada día en amor a la iglesia.

A continuación, otra pequeña figura luminosa se presenta. Ha llegado junto a Catalina Pazzi, por ser del mismo país que ella y casi contemporánea.

Yo soy Marianna Anna Fontanella, nacida cerca de Fontanella, en Turín, el siete de enero de 1661. Mi madre provenía de Tana di Chieriy estaba «emparentada en segundo y tercer grado con el beato Luis Gonzaga».

»Tuve una infancia pacífica, rodeada del afecto de mis padres y de mis hermanos en un ambiente elegante, confortable y de sólidos principios cristianos. Mi padre murió cuando tenía unos ocho años, razón por la que me aquejó una grave enfermedad que estuvo a punto de tomar mi vida, pero me recuperé milagrosamente gracias a la santísima Virgen. Mi temperamento era alegre, dinámico y muy sensible, con gran curiosidad por conocer mi realidad y, sobre todo, los misterios de la fe.

»En el otoño de 1672 ingresé en el monasterio cisterciense Stella en Rifredo di Saluzzo, permaneciendo allí un año y medio. A principios de enero de 1675, regresé con mi familia.

»El diecinueve de noviembre de 1676, aunque no tenía dieciséis años, fui aceptada después de numerosas dificultades en el Carmelo de Santa Cristina, en Turín, tomando el nombre de sor María de los Ángeles. Desde muy joven tuve a mi cargo la formación de las novicias.

»Finalmente, el veintiséis de diciembre de 1677 formulé mi profesión religiosa. A partir de 1682 comenzaron los éxtasis frecuentes, que a menudo se producían en público y me humillaban profundamente, porque sentía que era una pobre pecadora. En 1694, con tan solo treinta y tres años y con una dispensa de la Santa Sede, fui elegida priora. Asimismo, fui elegida en repetidas veces como superiora y maestra de novicias, instruyéndolas en las enseñanzas de Santa Teresa de Jesús. Pasé noches de espíritu y pude dejar incontables ejemplos de amor a Dios.

»Me entusiasmaba orar y lo hice con perseverancia. San José fue mi protector especial. Solicité que fuera elegido como copatrón de Turín, mientras que el Carmelo de Moncaliere lo eligió como titular. El dieciséis de diciembre entregué mi alma al Señor, en Turín.

La ceremonia de beatificación se llevó a cabo por el papa Pío IX el veinticinco de abril de 1865, siendo así la primera carmelita descalza italiana en subir a los altares. San Juan Bosco fue quien redactó su biografía para ese momento.

A continuación y con apariencia muy modesta, un alma con otra intensidad y carisma se acerca hacia el espacio central:

—Mi nombre religioso es Juana de Tolosa, «terciaria» carmelita. No tengo seguridad en los detalles de mi nacimiento, pero, según una leyenda, fue en torno a 1220 y mi muerte tuvo lugar el veinticinco de agosto de 1271. Se me considera hija de Raimundo VII, conde de Tolosa, así como descendiente de Juan I de Inglaterra. En 1249me había convertido en Condesa de Tolosa.

»El dieciséis de mayo de 1265San Simón Stock visitó a los carmelitas de Tolosa, que habían fundado en la ciudad en 1240. Cuando Simón llegó al convento, yo salí al camino y le supliqué que me admitiera en la Orden. El santo me cubrió con la capa del hábito y me agregó a la ella como terciaria, siendo la primera. Me encomendó a Juan, prior del convento, quien me permitió hacer votos públicos y seguir la Regla de San Alberto el diecisiete de septiembre y el ocho de abril. En adelante, me dediqué al servicio de los pobres y enfermos. También visitaba diariamente la iglesia de los frailes, les ayudaba, oraba y hacía sus penitencias allí para mi vida espiritual. Poco a poco, otras jóvenes se me unieron y llegaron a profesar como terciarias, convirtiéndome en la fundadora de estas.

»Pero es una leyenda que se fraguó sobre mi vida, porque la verdadera historia me sitúa en el siglo XV y no me considera la fundadora de las terciarias, aunque sí reconoce que mi vocación se desarrolló como terciaria carmelita.

»Mi muerte acaeció en una fecha indeterminada entre 1400 y 1450. Fui sepultada en la iglesia de los carmelitas de la ciudad. Muy pronto, mi tumba comenzó a ser meta de peregrinos, que la invocaban y lograban favores de ella.

Si bien en 1437, fecha aproximada del primer *Catalogus Sanctorum Carmeli*, elaborado por el carmelita de Tolosa fray Juan Grassi, Juana no aparece entre los venerables, en 1450 se hizo la primera traslación de las reliquias, lo cual evidencia un culto. Es probable que no fuera conocida o que tal vez aún viviera cuando Grassi escribió su obra y que la traslación de 1450 fuese el primer acto de culto público. En 1452 se elevaron las reliquias y en 1474 se colocaron, definitivamente, en una capilla dedicada a su memoria, en la iglesia de los carmelitas. Unas reliquias fueron trasladadas a España por el general Enrico Silvio en 1656.

Luego del saqueo y destrucción a la que fue sometida la iglesia en la Revolución Francesa, las reliquias de Juana fueron halladas, en 1805, en una pared y junto a estas un acta de reconocimiento del cuerpo datada en 1688. Además, se encontró un valioso libro de oraciones personales, manuscritas probablemente por la misma Juana. Esto indica que sería una mujer de cultura, conocimientos de la religión y, claro, profundamente piadosa. Las reliquias fueron llevadas a la iglesia de San Esteban de Tolosa y depositadas en dos relicarios en la capilla de San Vicente de Paúl, donde se veneran actualmente.

En 1893 la Orden comenzó un proceso de beatificación oficial para la que ya tenían como santa desde hacía siglos atrás. En 1895, el papa León XIII la beatificó y extendió su memoria a toda la Orden. Luego de la reforma litúrgica emanada del Vaticano II, la memoria fue suprimida.

Una vez finaliza esta presentación, aparece otra religiosa que muestra unos rasgos muy diferenciados, debido a su procedencia y vocación:

Con todo respeto, quiero presentarme. Me llamo María López y nací el dieciocho de agosto de 1560 en Tartanedo, pueblo de Guadalajara. Según la costumbre, fui bautizada muy pronto, el veinticinco del mismo mes. Mi familia no era noble ni muy rica, pero mi padre era un hidalgo con algunos bienes. Cuando tenía cinco años, al quedar huérfana, mis tíos maternos me llevaron a Molina de Aragón, en cuya casa me educaron como hija. Esta casa aún puede visitarse y se puede venerar la capilla donde, de niña, me sentía atraída por la oración y la penitencia. En mi niñez fui siempre alegre, devota, obediente y muy caritativa.

»En 1575 manifesté vocación religiosa al jesuita Antonio de Castro, entusiasta de la obra fundacional de Santa Teresa de Jesús, que me encaminó hacia el carmelo descalzo. Vos, madre Teresa, me enviasteis a Toledo a fines de julio de 1577. Creo que vos, mi madre, escribisteis sobre mí en una carta: «Hijas, ya se la envío con cinco mil ducados de dote, pero hágole saber que ella es tal, que cincuenta mil diera yo de muy buena gana por recibirla. Mírenla no como a las demás, porque espero en Dios que ha de ser un prodigio». El doce de agosto del mismo año tomé el hábito.

»Al año siguiente, a finales de febrero de 1578, la madre me escribe, confirmándome que debía hacer caso a una inspiración divina: «Ya sé lo que pasa allá, y que Cristo Señor nuestro y su madre Santísima le han mandado que dote dos fiestas, una del Santísimo Sacramento y otra de la Natividad de nuestra Señora. Dótelas, que es gusto de Dios, y yo tengo particular gusto en ello». La expresión «ya sé lo que pasa allá» se refería a la reticencia de la priora en darme la profesión, a causa de mi mala salud. Otra supuesta carta de la madre, fechada hacia 1578, dice tajantemente: «Miren, hijas mías, lo que hacen, pues si no dan la profesión a María de Jesús, yo me la traeré a Ávila, segura de que será más dichoso que todo el convento que la tenga; porque aun cuando sea para estar en una cama toda la vida, la quiero tener en mi casa».

»Finalmente me admitieron a la profesión. A finales de agosto de 1578, en otra carta y refiriéndose a mi persona, madre Teresa expresó: «esta es la licencia para que profese la hermana María de Jesús. Doila con mucho gusto. Alcáncele la bendición de rore coeli et de pinguedine terrae». La profesión tuvo lugar el ocho de septiembre de 1578. Mi salud endeble nunca me arredró. Siempre fui obediente en los oficios que me encomendasen, que fueron muchos, pues llegué a ser enfermera, sacristana, portera... No faltaba al coro, salvo que la obediencia me mandara descansar. Gocé de dones y gracias místicas, tuve frecuentes arrobamientos ante el sacramento y obtuve algunos consuelos místicos de Dios. Una vez, incluso, el niño Jesús de una imagen de San José se desprendió para abrazarme.

»Madre Teresa me amó mucho y se fiaba de mi buen juicio y dotes. Me dieron el sobrenombre de «Letradillo», que alude cariñosamente a mi sabiduría e intuición. Fui la primera persona en leer el *Libro de las moradas*, que vuestra merced escribió precisamente en Toledo, cuando yo era aún novicia. Nuestro padre San Juan de la Cruz, quien estuvo escondido en Toledo luego de su fuga, o el padre Gracián en su *Peregrinación de Anastasio*, escribieron sobre mí: «Una religiosa a quien la madre, cuando vivía, amó con particularísimo amor, porque además de haber sido santa desde niña y tener virtudes aventajadas y heroicas, pidiendo a Nuestro Señor le diese en esta vida algo que sentir de su pasión visiblemente, Su Majestad se le apareció y le puso una corona de espinas sobre la cabeza, de donde le resultó un tan extraordinario dolor de ella, que nunca se le quita, y es misterio cómo puede vivir con él y no faltar a las cosas de la Orden, y después de muerta la santa madre Teresa, prosiguiendo su deseo de padecer por Cristo en memoria de su pasión, le ha dado tan grandes dolores en pies y manos y costado que es admiración, a esta sierva de Dios la han acaecido muchas cosas dignas de considerar. Bien conozco yo esta religiosa, que es natural de Molina y se llama María de Jesús, y ha sido priora de Toledo, y podría decir tantas cosas de ella que te admirases».

»Luego de la muerte de madre Teresa, en 1583, fui elegida maestra de novicias, cargo que también tuve en la fundación del monasterio de Cuerva, en 1585. En 1587 y en 1607 fui elegida subpriora y de 1591 a 1595, en 1598 y de 1624 a 1627, priora de la comunidad. En esta época, las monjas tuvimos que padecer al general Fray Nicolás Doria y sufrimos a causa nuestra fidelidad a la obra de la santa, pues impedimos las adiciones y cambios que este quería introducir, como negar que las monjas eligiéramos confesor libremente. Las hijas más fieles de la santa, como María de San José o la beata Ana de San Bartolomé (siete de junio), padecieron destierro; en el caso de la última, la enviaron a fundar a Francia para salir de ella. Yo, María de Jesús, como otras, fui calumniada, acusada de rebelde y depuesta como priora. Sufrí los desaires del provincial. Algunas monjas, con entereza cristiana, sin desobedecer ni atacar, siempre defendieron la autenticidad carmelita-teresiana de la descalcez. La persecución duró veinte años, hasta que fui reelegida priora.

»Tuve una larga vida para la época, más aun estando casi siempre enferma. El trece de septiembre de 1640 entré a la vida eterna.

Los procesos abundan en datos sobre la comunicación por medio de apariciones que mantuvo con la Santa madre luego de la muerte de esta. María de Jesús, tenida como santa, fue sepultada en el interior del monasterio de Toledo y no en el cementerio. Al mes de su muerte empezaron a recogerse testimonios, en vistas a su segura canonización algún día. En 1642 se exhumó el cuerpo, que se halló incorrupto; luego se volvió a sepultar, pues las leyes canónicas prohibían la veneración pública de alguien no beatificado. Todo debía ir rápido; sin embargo, el proceso no se inició hasta el quince de enero de 1914, cuando, de nuevo, fue exhumado el cuerpo y se comprobó que la incorrupción permanecía. Además, en la crónica redactada se reflejó que expelía un suave olor muy agradable. En 1920 se introdujo formalmente la causa y en 1929, con un nuevo impulso de esta, se exhumó por tercera vez y pudo comprobarse la integridad del cuerpo. Fue beatificada(¡al fin!), el catorce de noviembre de 1976 por Pablo VI.

Después de esta intervención, con la misma cautela del principio, se van dispersando las concurrentes.

Ha pasado algún espacio temporal, si se mide desde nuestra perspectiva. De nuevo parece ser que todas las hijas de Teresa acuden a una convocatoria que se transmite de modo instantáneo. Esta vez, la madre quiere que se muestren unas hijas muy queridas que, además, han dado mucha gloria a Dios y han contribuido al engrandecimiento del espíritu carmelitas de un modo especial.

Todo es luminosidad y belleza, la presencia de tantas hermanas hace que esta convocatoria muestre multitud de carismas, que se manifiestan en aureolas con diversos matices y mucho más grandiosas.

Teresa, después de un breve intervalo, anuncia que se trata de tres mujeres de nacionalidad distinta: española, francesa y polaca-judía. Después se va retirando y hay un momento de alabanza al Señor, como siempre. Luego, en ese silencio espiritual, se adelantan dos figuras muy diferentes entre sí por su delicadeza e intensidad. La que parece ser de mayor edad en lo humano es quien se acerca más:

Me llamo Maravillas, soy española y nací en Madrid el cuatro de noviembre de 1891. Mis padres fueron Luis Pidal y Cristina Chico de Guzmán, que pertenecieron a la nobleza al ser marqueses de Pidal. Mi padre era embajador de España en la Santa Sede y su residencia habitual estaba en Roma. Yo ocupaba el cuarto lugar entre los hermanos. Mi familia era profundamente cristiana, incluso habían creado un partido político que defendía los valores e intereses de la iglesia. Mi abuela materna fue quien estuvo más cerca en mi primera infancia, de ella aprendí caridad y religiosidad. También residió mucho tiempo en el campo, lo que ayudó en mi formación humana. No asistí a colegios, porque mi educación fue confiada a institutrices, de las que aprendí idiomas y cultura general.

»Un hecho que sucedió cuando tenía cinco años da prueba de mi madurez espiritual: en presencia de una criada, que tomé como testigo, hice voto de castidad en el desván de mi casa. Creo que la vocación religiosa nació conmigo.

»Durante la juventud, me vi obligada a participar en fiestas de sociedad, pero sin que me sedujeran. Además, los avatares políticos también me perturbaron, como a tantos españoles. Tenía una gran confianza en mi padre y con él compartía aficiones e intereses.

»Fueron los jesuitas los que guiaron mi alma en muchas etapas. Colaboré en obras de beneficencia, tanto con mi aportación personal como con limosnas.

»En 1913 perdí a mi padre, al que había asistido en su enfermedad durante el día y la noche. Ya tenía dos hermanos casados. A partir de ese momento, quedé al cuidado de mi madre. Cuando manifestaba mi deseo de ingresar en una comunidad religiosa, mis directores me aconsejaban que esperase. Mi madre tampoco veía con buenos ojos esa decisión. Mi camino quedaba aplazado, pero yo seguía mi vida de oración y silencio, con el deseo de abandono del mundo.

»Visité el monasterio de carmelitas de El Escorial, pero mi director espiritual me había prohibido hablar a mi madre del anhelo de seguir mi vocación. Sin embargo, el Señor se valió de una circunstancia adversa: la epidemia de gripe, que me contagió y me llevó al borde de la muerte. Esa circunstancia hizo mella en mi madre, pues la indujo a pensar que si una enfermedad podía arrebatarme, mejor sería que entrase en un convento, donde no me perdería totalmente.

»Así, alcancé el permiso tan anhelado, con gran dolor de separación por ambas partes.

»El doce de octubre de 1919 entraba en el Carmelo de El Escorial.

»No quiero que alguien pueda pensar que yo era una criatura desprendida de la vanidad propia de muchas jóvenes de mi edad y posición. Un día en que disfrutaba de cierta complacencia me pareció escuchar una voz en mi alma en la que Jesús me decía:« Y a mí me tuvieron por loco». Esa fue una medicina eficaz que me fue liberando de esas vanidades.

»Pasó el tiempo hasta el año 1923, cuando, movida por algunos acontecimientos y viendo la soledad del Monumento al Sagrado Corazón, sentí el deseo de hacer una fundación en el Cerro de los ngeles. De esta forma se inició mi camino de ir sembrando palomarcitos por diversos lugares. La obra siguió en Mancera, en Duruelo, en Arenas de san Pedro y en La Aldehuela, siempre sufriendo las consecuencias de una salud precaria.

»También sufrí la persecución religiosa de la Etapa Republicana, con privaciones y pobreza suma en Duruelo. Cuando pude regresar, tuve que reconstruir el monasterio del Cerro, que había sido utilizado y totalmente destrozado. La vuelta fue dolorosa, pues contemplar tanto destrozo resultó impresionante.

»La gran compensación que el Señor envió a mi vida fue ver la cantidad de jóvenes que pidieron entrar en los monasterios, ya que los llenaron de alegría y continuidad.

»Debo dejar constancia de la gran ayuda que fue para mi vida espiritual la dirección del padre Torres, el jesuita que dirigió mi alma durante mucho tiempo.

»Yo, que deseaba pasar desapercibida, tuve que obedecer y ocupar prioratos, a ello dediqué mis energías y tiempo. Al fin, en La Aldehuela, entregué mi vida mortal al Señor el once de diciembre de 1974.

Así se presenta madre Maravillas. De ella se desprende un brillo intenso, con muchas iridiscencias que representan sus diversos carismas. El resto de las hermanas muestran alegría y complacencia, como si entonasen cantos de aleluya.

En esta nueva presentación hay una gran expectativa, porque se adelantan dos figuras de intensa luz, como si el Señor les hubiera otorgado una distinción especial por sus carismas. Se trata de dos patronas con distinto ámbito y procedencia, una lo es de Europa y la otra de las Misiones.

Madre Teresa las acoge con gran entusiasmo, animándolas a que den detalles de su vida y de su obra.

La primera es de una delicadeza espiritual, con una imagen bellísima y atrayente. Se trata, nada menos, que de Teresa Martin Guerin, conocida como santa Teresita de Lissieux.

Se adelanta suavemente y comienza su presentación:

Mi nombre de bautismo es María Francisca Teresa, nacida en Francia, en Alençon, el día dos de enero de 1873. Mis padres, Luis Martín y Celia Guerin, son bien conocidos porque tuvieron el honor de ser considerados santos de la iglesia. De ese matrimonio nacieron nueve hijos, pero cuatro de ellos murieron siendo muy niños. Mis cuatro hermanas también profesaron como religiosas, tres en el Carmelo y una en la Visitación. Yo fui la menor de las cinco hijas que sobrevivieron. La gracia de Dios me colocó en un hogar donde todo era espiritualidad cristiana que se manifestaba en santidad de vida. Tengo el inmenso honor de poder contemplar la gloria de mis padres venerados como santos. Eran unas personas tan especiales que nos dieron un ejemplo imborrable de amor y generosidad.

»Como era la hija menor, fui muy querida por toda la familia. Perdí a mi madre a los cuatro años, pero mis hermanas se desvivieron por hacerme la vida feliz. Fue mi hermana, Paulina, la que se atribuyó la tarea de ejercer como madre, mi segunda madre, que también lo fue al ejercer un priorato cuando yo era religiosa.

»Hubo un acontecimiento en mi infancia que desencadenó en una enfermedad muy grave. Cuando Paulina se hizo religiosa, su pérdida me llevó a una profunda depresión. Toda la familia suplicaba para que sanase, pero fue la santísima Virgen quien acudió a sus súplicas. Tuve una visión de ella y a partir de entonces recobré la salud mental y física.

»Siempre deseé ser religiosa. A los quince años me atreví a confesarlo a mi padre, a mi confesor y a las religiosas del Carmelo de Lissieux. Todos se mostraban favorables, pero el inconveniente era mi poca edad. Se aconsejaba que esperase a tener los años de madurez.

»Puedo contar dos anécdotas que dan idea de mi personalidad y determinación. Era tanto mi deseo de ingresar en el carmelo que, junto a mi padre, acudí a solicitarlo al obispo, con la esperanza de que accediera a dar su permiso, puesto que los sacerdotes de Lissieux no lo estimaban oportuno. La segunda aventura me llevó a Roma. Al llegar a una audiencia del santo padre, me atreví a hablarle con la misma súplica. La verdad es que no tuve resultados inmediatos, pero sí facilitó mi entrada el nueve de abril de 1888, cuando contaba con quince años.

»Finalmente, había encontrado un lugar donde desarrollar la espiritualidad que tanto ansiaba mi alma. No fui tratada como una niña, sino todo lo contrario, con exigencia. Fue algo que agradecí, porque habría sido un grave error tratarme con diferencia. Allí encontré a mis hermanas mayores, pero nuestra relación fue de hermanas en religión, sin concesiones.

»Más tarde, Celina se unió a nosotras, con la que siempre tuve una relación muy especial. Pasé por momentos muy duros cuando mi padre cayó enfermo y perdió la memoria, pero ponía todo en las manos de mi amado.

»Mi modo de pensar, en el aspecto religioso era mostrarme siempre niña ante Jesús, considerando que a los niños no se les exigían grandes cosas y se les perdonaba mucho. Antes había sido su juguete y ahora era Teresa del Niño Jesús.

»Respecto a momentos duros, sí que los tuve, pero los considero como pruebas para que se afianzara mi vocación. Traté de vivirlas con paz y disculpando a quienes me las proporcionaron, respondiendo con amor y ternura.

»Cuando la madre superiora me encargó que respondiese a unos misioneros, lo hice con mucho agrado y hasta habría podido marchar a misiones, de no haber tenido el grave problema de salud que me llevó a la muerte.

»Mi enfermedad, la tuberculosis, fue otro motivo de perfección y entrega. Sufrí mucho, pero padecí todo con amor a mi amado, aunque también tuve mi noche oscura, que me hacía dudar de la existencia del cielo.

»No puedo añadir mucho más, porque a los veinticuatro años entregué mi alma, el treinta de septiembre de 1897. Yo no hice nada especial, simplemente viví entregada a mi Dios y señor con la sencillez de la infancia espiritual. Gracias a mi deseo de ofrecer mi vida y oración por los misioneros, se me concedió el ser patrona de las misiones, ese gran honor totalmente inmerecido, pero que agradezco con todo mi ser.

Tras esta intervención, se nota en el ambiente una clara afinidad con esta alma sencilla y delicada. Todas las hermanas parecen mostrar un sentimiento de gozo y complacencia.

Mientras tanto, se aproxima al centro de interés otra figura majestuosa, con rasgos que evidencian un carisma diferente. Ha creado mucha expectativa por la serie de detalles que adornan su figura espiritual. Parece tener una gran fortaleza, como si de su interior naciesen destellos de sabiduría, de gran personalidad. Sin embargo, se retrae un poco antes de iniciar su presentación. Tiene que intervenir madre Teresa para animarla, haciéndolo con un rasgo diferenciador:

—Quiero manifestar, antes de nada, que soy de raza judía. Pertenezco al pueblo escogido de Dios que ha tenido tantas persecuciones a lo largo de la historia. Viniendo de una familia observante de la ley de Moisés, nací en Breslavia, que pertenecía a Alemania, el doce de octubre de 1891. Fui la última hija de una familia de once hijos. Mis padres fueron Augusta Courant y Siegfried Stein. Esa fecha era coincidente con una de las fiestas importantes para un judío, la de la expiación. Mi padre falleció cuando yo contaba con dos años, así que mi madre tuvo que hacerse cargo del sustento económico de la familia y reemplazarle en sus negocios.

»Debo confesar que nunca fui una niña fácil de dirigir, porque fui precoz en algunos aspectos, además de que tenía un carácter sensible y pensamiento reflexivo en busca de la verdad, lo que me hizo renegar del judaísmo a la edad de trece años. Hubo un momento de crisis que me indujo al abandono de los estudios, pero luego los retomé, movida por ese afán de búsqueda de la verdad en su sentido absoluto, la cual no podía vislumbrar y que, finalmente, me llevaría al encuentro con Dios. Entré a la universidad en el año 1911 para realizar estudios de filosofía. Conociendo que en Gotinga estos estudios tenían fama por la presencia de Husserl con una visión novedosa, la fenomenología, me trasladé en 1913 para acabar mis conocimientos. Como consecuencia de nuevos enfoques, mi rechazo al hecho religioso se fue diluyendo.

»Al llegar la Primera Guerra Mundial, participé como voluntaria en la Cruz Roja de Austria. Empecé a ser muy consciente del sufrimiento humano y de la muerte.

»En 1916, en Friburgo, presenté mi tesis doctoral y acabé como asistente de cátedra, algo inusual para una mujer. Debo confesar que mi sentido de la dignidad de la persona se sentía muy molesto por la discriminación que padecíamos para participar en la vida social y cultural.

»Por fin, en el año 1917, tuve encuentro, ese encuentro con la verdad tan anhelada, con Jesucristo. Parece casual, pero estaba llevando mi vida. Cuando un amigo murió, su viuda me solicitó ayuda para organizar sus escritos; ahí comprobé cómo su fe le dispensaba paz para superar la pérdida de su ser amado. Entonces, hallé entre los libros la vida de madre Teresa. Creo que también estaba nuestra madre detrás de esa circunstancia. ¡Encontré lo que tanto anhelaba! El primero de enero de 1922, en plena madurez, entré en la iglesia católica, recibiendo el bautismo.

»Para mi familia, sobre todo para mi madre, esta conversión supuso un gran dolor y disgusto, pero me mantenía fuerte en mi decisión por convencimiento real. Había encontrado en el evangelio mi ideal de vida.

»Mi dedicación profesional se encaminó a la docencia en una escuela de magisterio femenina de las dominicas de Santa María de Espira. Me tuvieron mucho aprecio y resultó una etapa fructífera para mi desarrollo intelectual. Seguí defendiendo el papel de la mujer en la vida profesional y en la sociedad. Mi feminismo solo trataba de defender lo que a mí se me había negado por el hecho de ser mujer, un puesto de docencia en la universidad.

»Esta etapa no duró mucho tiempo, porque en 1933, cuando Hitler llegó al poder, tomé la decisión de entregar mi vida a Dios en el carmelo. Este deseo se fue retardando para no causar mayor dolor a mi madre, que ya era muy anciana, pero al fin, con gran sufrimiento, el catorce de octubre de 1933 ingresé en el Carmelo de Colonia. Esta etapa fue preciosa, porque encontré lo que tanto anhelaba: silencio, dedicación a mis tareas de escritura, profundizar en mis aspiraciones y la alegría de una comunidad. Viendo la persecución que se iba adueñando contra los judíos, me trasladaron a Holanda, al Carmelo de Esht, en 1938, donde proseguí con mi vida y mis tareas.

»Pronto llegaría mi final, pues en 1942,como venganza, la Gestapo comenzó una persecución contra los obispos holandeses. Debido a mi condición de judía y católica, me hicieron prisionera y me trasladaron a Auschwitz, donde sufrí el martirio en la cámara de gas el nueve de agosto de 1942. Así acabó mi peregrinar.

»Al morir mártir y por mis escritos, se me ha declarado copatrona de Europa.

Así, en este ambiente de escucha, acaban las presentaciones y madre Teresa muestra su emoción al verse rodeada por sus hijas, que tanta gloria han dado a Dios y que caminaron tras sus huellas.

En una armonía indescriptible, se van alejando a la espera de otra convocatoria.

Madre Teresa vuelve a reunir a sus hijas para dar paso a una nueva presentación. Son tres las protagonistas, pero tienen carisma y circunstancias muy distintas. En medio de esa armonía silenciosa, aparecen las tres almas que, por orden, quieren mostrar algún detalle de su vida terrenal.

Mi nombre es Isabel Catez y soy hija de Francisco y María. Nací en Bourges, Francia, el dieciocho de julio de 1880. Desde muy niña mostré un carácter sensible y apasionado. También era propensa a tener conductas irritables, con manifestaciones coléricas. Al perder a mi padre cuando tenía siete años, alcancé una madurez espiritual que me llevó a un cambio de mi carácter, también me fui aficionando a la oración y al sacrificio. Como amante de la música y de la vida social, participé en los festejos a los que acudían las jóvenes de mi edad, pero no me entregaba a su disfrute. Ya adolescente, hice voto de virginidad y comencé a sentir la gracia de Dios en mi alma, ofreciéndome a él como víctima parala salvación de Francia. El Señor me concedió una gran sensibilidad y habilidad para la música, pero mi vocación estaba por encima de todo. A los veintiún también a mi madre.

»Al tomar el hábito, recibí el nombre de Isabel de la Trinidad y desde entonces mi lema fue «ser alabanza de gloria de la Santísima Trinidad y crecer día a día en el amor a los tres». Una enfermedad muy grave me llevó a la muerte el nueve de noviembre de 1911. San Juan Pablo II me colocó en los altares en 1984.

Con su vida y su doctrina —breve pero sólida—, ha ejercido un gran influjo en la espiritualidad de nuestros días, debido, sobre todo, a su experiencia trinitaria. Preciosas son sus y sus *Elevaciones, Retiros, Notas Espirituales y sus Cartas*.

Su espiritualidad

Su espiritualidad estuvo más en su vida misma que en su doctrina. Esta fue escrita por ella solo en parte. Sor Isabel fue un alma interior que se transformó, de día en día, en el misterio trinitario.

El silencio, la soledad y la oración contemplativa son la base que la dispuso a ser dócil a la voluntad divina, la cual siempre cumplió a la mayor perfección.

Enamorada de Cristo, que es su «libro preferido», se elevó a la trinidad hasta que «Isabel desaparece, se pierde y se deja invadir por los Tres».

La Trinidad: aquí está nuestra morada, nuestro hogar, la casa paterna de la que jamás debemos salir... Me parece que he encontrado mi cielo en la tierra, puesto que el cielo es Dios y Dios está en mi alma. El día que comprendí eso todo se iluminó para mí.

Creer que un ser que se llama El Amor habita en nosotros en todo instante del día y de la noche y que nos pide que vivamos en sociedad con él, he aquí, os lo confío, lo que ha hecho de mi vida un cielo anticipado.

Mi Esposo quiere que yo sea para él una humanidad adicional en la cual él puede seguir sufriendo para gloria del Padre y para ayudar a la Iglesia.

Amó profundamente su vocación carmelita y trató de amar y de imitar a la «Janua Coeii», como llamaba a la Virgen Purísima.

Murmurando, casi como en un canto, «voy a la luz, al amor, a la vida», expiró.

Su mensaje

- Que corramos por el camino de la santidad.
- Que el Espíritu Santo eleve nuestro espíritu.
- Queseamos siempre «alabanza de gloria de la santísima Trinidad».

En esta atmósfera de contemplación y con una comunicación espiritual perfecta, aparece un alma muy diferenciada, María de Jesús Crucificado, que fue conocida como «La Arabita».

Mi nombre de religión es María de Jesús y nací muy cerca de Nazaret, en Abellín (región de Galilea). Mi nacimiento tuvo mucho de extraordinario, ya que mis padres eran muy mayores y carecían de descendencia. Ellos, de raza árabe, fueron católicos con una fe inquebrantable. Llevados por su gran devoción a San José, fueron en peregrinación a Belén para suplicarle que les concediera el hijo que tanto deseaban. Este gran protector nuestro nunca escatima sus dones a quienes con tanta fe los suplican, así que fueron dos los hijos que tuvieron mis padres, Pablo y yo, Mariam.

»Mi fecha de nacimiento también tiene una hermosa coincidencia, como si me hubieran traído los Reyes Magos, pues sucedió un cinco de enero de 1846. Fui bautizada en la iglesia de Abellin de rito grecocatólico. Toda mi vida estuvo protegida milagrosamente por la Providencia. Cuando contaba con tres años, mi hermano y yo quedamos huérfanos y fuimos repartidos entre unos parientes. A mí me llevaron a Alejandría, en Egipto. Nunca más volví a ver a mi hermano. Hice mi primera comunión allí. Desde entonces, el Señor me regaló algunos dones extraordinarios.

»Estando en casa de mis tíos, se dio el caso de que enviaron unos pescados con veneno. Aunque lo anuncié, no me hicieron caso. Entonces insistí en que le dieran a un perro, para hacer la prueba. El perro murió. Así pasó el tiempo y un impulso muy fuerte de consagrarme a Dios fue surgiendo en mí.

»No obstante, mis familiares tenían otros pensamientos, como es costumbre en Oriente (los familiares son los que eligen el estado de vida y el cónyuge), y me prometieron a un joven. Yo, para evitarlo, me corté el pelo. En Oriente, esto es una ofensa contra la familia del prometido. El día en que iban a hacer oficial el compromiso, aparecí en este estado. Mi tío se enfadó profundamente y el joven y su familia decidieron irse. Desde entonces se hizo muy difícil la convivencia en casa de mis parientes, por lo que me marché sin dar noticia de mi paradero.

»Una familia amiga, de religión musulmana, me acogió en su casa. El padre del hogar me decía que los cristianos eran malos, que mirase lo que mis tíos habían hecho conmigo y que me convirtiera a la religión musulmana. Entonces hice una confesión de fe, diciendo que Jesucristo era el dios verdadero, que existía desde siempre como señor de la historia y del mundo y que era el nico que nos salvaría. El musulmán, en un arrebato de ira, me cortó el cuello con una cimitarra. D siete de septiembre de 1858, cuando estuve clínicamente muerta: «Me encontré en el Cielo. Vi a la bendita Virgen María, a los ángeles y los santos recibiéndome con gran amabilidad, también vi a mis padres en su compañía. Vi el brillante trono de la Santísima Trinidad y a Cristo Jesús en su humanidad. No había sol ni lámparas, pues todo era brillante, con luz. Luego alguien me dijo: "Tú eres una virgen, pero tu libro no ha terminado"».

»Al volver en mí, me encontré asistida por una mujer celestial de hábito azul (la Virgen María)en una gruta. La Virgen me anunció que primero sería hija de San José y después de Santa Teresa de Jesús. También me mandó con un sacerdote que me orientaría.

»Más tarde, en 1874, en la Fiesta de Nuestra Señora de la Natividad, me contaron que había dicho en un éxtasis «en este mismo día estuve con mi madre. En este mismo día consagré mi vida a María. Alguien me cortó el cuello y al día siguiente María cuidó de mí».

La herida tenía un largo de diez centímetros y una profundidad de un centímetro. Fue examinada por un prestigioso médico, quien dijo a la maestra de novicias que, desde un punto de vista natural, «ella no podía estar viva». Esta cicatriz en su cuello se convirtió en el signo exterior de su *amor por la santa iglesia.*

Después —continuó—, mi vida transcurrió entre Alejandría, Jerusalén y Beirut, trabajando en el servicio doméstico. Estando en Beirut conocí a las religiosas del convento de San José, quienes me trasladaron a Marsella, donde ingresé en la comunidad en mayo de 1865. Sin embargo, debido a mi condición personal y a los hechos milagrosos de mi vida, me indicaron que estaría mejor en una comunidad contemplativa y tuve que abandonar el convento de las hermanas de San José de la Aparición.

»Así, me encaminé hacia el carmelo y se hizo realidad lo que la Virgen me había anunciado: «Serás primero hija de San José y después de Santa Teresa de Jesús». El veintinueve de marzo de 1867 aparecieron los estigmas por primera vez. Tomé el hábito como religiosa carmelita en Pau, Francia, el veintisiete de julio de 1867. Entré como hermana lega y fueron muy frecuentes los dones del Espíritu en forma de éxtasis y visiones proféticas. Por otra parte, el demonio me fue atacando con crudeza, pero, después de orar, el ángel de la guarda estuvo luchando a mi lado. Mi ángel tenía un nombre que le di de niña, Juan Jorge, quien permaneció a mi lado durante toda mi vida y se me hizo visible en numerosas ocasiones, animándome a hacer buenas obras.

»El veintiuno de agosto de 1870 marché para Mangalore (India), donde el vicario apostólico Efrén M. Garrelon quería fundar el primer monasterio de clausura en la India. Hice mi profesión en Mangalore el veintiuno de noviembre de 1871. El mismo vicario apostólico sería mi director espiritual.

»Al entrar al carmelo, tomé el nombre religioso de María de Jesús Crucificado, nombre que contiene mis grandes amores: Jesús, María y la cruz. Esta cruz me acompañaría todos los días de mi vida y se haría especialmente pesada en la India. Mi alma fue probada y purificada por Dios. Como su santo padre Juan de la Cruz, sufriré la «persecución de los hombres».

»La persecución se originó a consecuencia de algunas gracias extraordinarias que se me manifestaron y que escapaban de toda explicación humana. Nadie comprendía lo que me ocurría, pensaron que era movida por el Poder de las Tinieblas. Esta tormenta fue tan fuerte que hube de regresar al Carmelo de Pau en septiembre del año 1872, generando otro cambio en mi vida.

»Nuestro Señor me pidió un Carmelo en Tierra Santa, en Belén, donde David pastoreaba su rebaño de ovejas. El Señor me reveló hasta las medidas y proporciones del monasterio: tendría tres torreones circulares, en honor a la santísima Trinidad. La adquisición de terreno fue providencial, al igual que la construcción. Se veía que la mano de Jesús estaba en todo lo relacionado a esa fundación. El Señor me prometió que todo lo que las carmelitas pidieran en ese «palomarcito de la Virgen» (así llamaba Santa Teresa a sus monasterios), se concedería. Ese carmelo tenía una fuerza especial. Se inauguró en 1876 y yo trabajé personalmente en su construcción.

»Tenía en proyecto fundar otro carmelo en Nazaret, pero, trabajando en las obras del Carmelo de Belén, tuve una caída que me llevaría a la muerte pocos meses antes de cumplir los treinta y tres años.

»Quedó una referencia de mis últimos momentos, que dice:

»En presencia del Obispo pide perdón por sus faltas a la comunidad, ya en la última noche le traen la comunión, la invocación "Mi Jesús misericordia" le fue sugerida. Ella responde: "Oh sí, misericordia". Estas fueron sus últimas palabras. Besa la Cruz, le dan la absolución y muere. Fallece el veintiséis de agosto de 1878 en medio del dolor de sus hermanas de comunidad. Pero desde el Cielo asistirá a la fundación del Carmelo de Nazaret, que tanto la ilusionaba».

El trece de octubre de 1983 Juan Pablo II la elevó a la gloria de los altares.

Actualmente, parte de sus restos descansan en el Carmelo de Belén, así como los restos de su director espiritual(el padre Estrate) y los de su bienhechora.

Dones extraordinarios

Recordemos que los dones extraordinarios no son el fundamento de la santidad, pero vale mencionarlos, ya que demuestran las maravillas que Dios puede hacer en un alma.

Éxtasis: estos comenzaron a suceder desde pequeña, fueron más frecuentes a partir de su entrada en la vida religiosa. Ella dijo «hay veces que no puedo hacer absolutamente nada, no importa lo que haga para prevenirlos, soy transportada cuando menos lo pienso, en otros momentos, puedo distraerme un poco en orden a no irme», «siento como si el corazón se me abriera, como si hubiera una herida y tengo la certeza y la impresión de que Dios se mueve en mí» y «prestemos atención a las pequeñas cosas, todas las cosas son grandes ante Dios, denle a él todas las cosas». A la simple palabra de la superiora para que retornara del éxtasis, lo hacía inmediatamente.

Levitaciones: las levitaciones fueron verificadas por primera vez el veintidós de junio del año 1873 en el jardín del Carmelo de Pau. Notando su ausencia en la cena, la maestra de novicias comenzó a buscarla. Otra hermana escuchó una canción, *¡Amor, amor!*, miró hacia arriba y vio a la «pequeña» balanceándose, sin ayuda, en la cima de un árbol de lima. A la simple palabra de la maestra, por obediencia, descendió con «un rostro radiante». Fueron ocho las levitaciones contadas.

Estigmas: los recibió cuando era postulante en el Convento de San José, en mayo del año 1867. El padre carmelita Lazare y su director en Mengalore examinaron los estigmas. En su reporte informaron lo siguiente: «Las manos estaban inflamadas en la parte de las palmas y las heridas estaban abiertas, alrededor de las heridas había sangre coagulada, ya que la herida comenzaba a abrirse días antes... lo mismo sucedía en los pies». La maestra de novicias del Carmelo de Belén nos cuenta, respecto a este fenómeno, en el año 1876: «estaba quejándose y temblando en lo profundo de su cuerpo, partía el corazón verla de esta manera, usualmente repetía estas palabras: "¡Mi Dios, no me abandones! ¡mi Dios, ofrezco todo esto por ti! ¡Perdón, mi Dios, perdón!" A las 2:15 comenzaba la dolorosa agonía... después de las 3:15 hablaba nuevamente: "¡Ten piedad de mí, llámame hoy, llámame, así puedo dejar esta tierra!"».

Don de Profecía: hizo muchas profecías sobre la iglesia y sobre Francia, incluso anunció un atentado contra el papa León XIII, que gracias a ella fue evitado.

Transverberación del corazón: experimentó la transverberación del corazón, como su madre, Santa Teresa de Jesús, una herida de amor en el corazón por su esposo. Cuando murió, sacaron el corazón de Mariam para llevarlo al Carmelo de Pau y vieron la herida física. El corazón de Mariam, que se encontraba incorrupto, fue robado de su relicario en la capilla del Carmelo de Pau y fue lanzado al río, por lo que hemos perdido esta preciada reliquia. El Carmelo de Pau cerró en la década de 1960.

Doctrina sobre el Espíritu Santo: tiene una preciosa doctrina sobre el Espíritu Santo. A pesar de que ella no tenía estudios y de que en sus escritos aparecen muchas faltas de ortografía, su doctrina del Espíritu Santo parece haber sido escrita por el mejor de los teólogos. Sin duda, es inspiración divina.

Tuvo muchos otros dones y carismas, como visiones de su ángel de la guarda.

En su personalidad destaca su gran humildad y sencillez. Tenía un gran don para aconsejar a las almas y explicar la teología con una transparencia cristalina, fruto de su fe y especialmente del amor que la consumía.

Se ejercitó de continuo en las virtudes más sólidas y seguras, como la humildad y la obediencia. Así, venció el obsesivo poder del demonio que quería dominarla.

Como carmelita, llevó una vida de ocultamiento, imitando a la Virgen en su silencio. De este modo, para no llamar la atención, en 1876 le pidió al Señor, con mucha insistencia, que las señales externas de los estigmas desaparecieran, aunque no la participación interna de los padecimientos del Señor que provocaban estos estigmas y que le ocasionaban muchos dolores, tanto físicos como morales (estos últimos son siempre más duros y difíciles de llevar).

Queda un gran asombro después de esta presentación, por una vida tan extraordinaria y tan llena de la presencia de Dios. De nuevo, se van dispersando y el silencio recobra su protagonismo.

Hay un gran revuelo en esta nueva jornada, porque la concurrencia es total. Como siempre, madre Teresa aparece rodeada de sus hijas, cada una según la procedencia y carisma que le diferencia del resto. Hay muestras de regocijo y de alegría por esos tiempos de encuentro y de íntima comunicación espiritual, que hace comprensible cada intervención sin cortapisas, con una claridad mucho más intensa que el lenguaje. Un pensamiento común se transmite a todo el grupo: se trata de comentar cuál ha sido y será el papel de la mujer en la iglesia y sus experiencias.

Madre Teresa expresa su satisfacción de haber podido reunir, en esa otra dimensión gloriosa, la comunidad de sus hijas, quienes participan de esa gloria. Siente la necesidad de iniciar con ellas un nuevo modo de convivencia, en el que vayan descubriendo el papel de la mujer en el mundo en que les tocó vivir y saquen consecuencias para aconsejar a las hijas que militan en la tierra.

Quedan en un espacio celeste, algo apartado del mundo angélico, que goza de una protección especial del espíritu divino.

Empiezan descubriendo cómo fueron sus experiencias en el mundo en que les tocó vivir, sus dificultades y el modo de resolverlas.

No es fácil que los rostros espirituales aparezcan con suficiente claridad como para identificar a cada protagonista, pero el interés reside en cómo vivieron y resolvieron las dificultades que sufrían por su condición de mujer, muchas veces sometidas a los dictados patriarcales y machistas de su sociedad.

Madre Teresa siempre aparece con una fuerza especial que la distingue del resto de sus hijas y seguidoras. Es por ello por lo que quiere expresar sus vivencias, para dar seguridad y facilitar la participación de todas, hasta de las más humildes y tímidas.

Ella, con toda firmeza y serenidad, expone que desde niña tuvo que experimentar una sumisión a las costumbres rígidas de su época. Tanto su padre como sus hermanos mayores le impedían la expresión libre de sus deseos, como responder a su vocación y poner ante los demás sus pensamientos e ideas. Más tarde, fueron las superioras las que no admitían que sus reglas fueran criticadas ni aceptadas aquellas iniciativas que, en su caso, venían inspiradas por el Espíritu. Siguiendo esa trayectoria, al fin, se liberó de muchas ataduras legales y se «lanzó» a una aventura difícil y temeraria, pero en su interior fue consciente de que venía de Dios y sabía que él nunca la decepcionaría.

—Para una mujer, el único camino válido es la fe absoluta y confiada en que el Poderoso es quien la protege y defiende. Nadie es capaz de oponerse a lo que él ha designado.

Cada vez que emprendía una misión, aparecían las luchas externas por parte de los que tenían autoridad. En su caso, fue el mundo eclesial que gozaba de gran prestigio. No se arredró, porque en su humildad sabía que ella tenía el visto bueno del cielo.

Como mujer creyente, tenía que consultar a los especialistas en temas relacionados con la religión y, por coincidir con un momento convulso para la iglesia por el nacimiento del luteranismo y otras creencias heréticas, cualquier opinión que se apartase un matiz de lo que se consideraba ortodoxo creaba muchas suspicacias y podía llevarle a tribunales eclesiásticos, al santo oficio. De hecho, fue algo que le sucedió, aunque no tuvo consecuencias para ella.

Otros inconvenientes se produjeron por la alta sociedad a la que pertenecía la princesa de Éboli, mujer que no tenía una gran estabilidad emocional y que pretendía cobrar prestigio religioso abusando de su poder.

—La pasé muy mal por su causa y por haber difundido mis escritos, creando mofa entre las lectoras de su camarilla.

»Todo esto habría sido imposible de soportar para una mujer sin apoyo especial de Dios.

»Como mujer, sufrí las consecuencias de una sociedad gobernada por hombres que menospreciaban nuestras posibilidades de juicio y de opinión. Es más, nos consideraban criaturas inferiores, cuando ante Dios éramos partícipes de su acción espiritual.

»Creo que también, mis queridas hijas y hermanas, en vuestras vidas terrenales tuvisteis que enfrentaros a un mundo que no os tenía en cuenta, pues consideraba a la mujer como un ser inferior e incapacitado para tareas de responsabilidad social. Por eso me gustaría que, ahora que gozamos de libertad espiritual y de pensamiento, pusiéramos en común vuestras experiencias. Al pertenecer a distintas etapas de la historia, a ámbitos políticos y religiosos diversos y hasta a situaciones sociales muy desiguales, nuestros puntos de vista pueden enriquecerse y formar un criterio ajustado a la realidad del papel de la mujer en el ámbito religioso y civil.

»Conocemos la actualidad y vemos que la situación ha cambiado mucho, que la mujer está alcanzando un estatus laboral y social casi equiparable al de los hombres, pero todo con base de lucha y de planteamientos que distan mucho de los que debieran movernos como mujeres portadoras de valores naturales y religiosos.

»¡Ánimo!, vamos a tomar en serio estas reuniones y a plantear soluciones desde nuestro punto de vista. ¿Quién sabe si el Señor dará el visto bueno a nuestras sugerencias y permitirá que el espíritu os sugiera a las mujeres del futuro?

»Nuestro primer punto de reflexión podría ser sobre *nuestra dignidad como personas.*

El grupo de almas que asisten queda en un profundo silencio espiritual, que les permite elaborar un pensamiento sobre su comprensión de qué se entiende por dignidad.

Es Teresa Benedicta quien inicia el desarrollo de ese concepto y, dirigiéndose a todas, expresa que, desde la creación, el Señor la hizo igual al hombre, como complemento y ayuda, pero con rasgos muy definidos. Como criatura de Dios, recibe la misma consideración y participa de los mismos dones y atributos que el

Señor confiere a la humanidad, de lo que el Creador ha sembrado en cada ser humano. Posee el privilegio. Como ser racional, puede colaborar libremente en su conocimiento y voluntad, vivir cuerpo y alma en armonía.

Todo eso es común, pero en la mujer hay algo más, algo específico de su naturaleza que le confiere una dignidad mayor: la capacidad de generar vida en su interior. Es como si el Señor le hubiera conferido un don propio de la potestad divina, el don de la vida. Bien es verdad que necesita la colaboración del hombre, pero es ella quien la lleva a cabo en su propio ser. Por ejemplo, el caso de María, nuestra Señora, quien fue elegida por el Creador para la acción más noble y elevada de la existencia humana, que es humanar al propio Dios. Por lo tanto, nuestra dignidad como personas, desde la creación, es la misma que la del varón, pero con algunos matices que nos diferencian y que dan a nuestra naturaleza dotes peculiares respecto a sensibilidad, afectividad, entrega y capacidad de organización con pocos recursos.

Se hace un silencio prolongado y se escucha una voz en la lejanía.

Es la pequeña Teresa, la francesa, que da las gracias por la exposición de Edith y manifiesta que, a pesar de haber sido mujer, nunca se sintió marginada respecto a su dignidad. Tuvo que experimentar algunos rechazos, más por su juventud que por ser mujer, cuando intentó entrar en el Carmelo de Lissieux.

—Eran sacerdotes los que se oponían, pero llevados por el sentido común. En casa, como todas éramos mujeres y mi madre tenía una gran personalidad, no percibí ninguna diferencia. No tuve que defender mi postura más allá de en lo referente a mi vocación tan precoz. Sí es verdad que con algún confesor tuve que renunciar a algunos puntos de vista, pero se debía a considerar que mi formación no era demasiado profunda. Debo manifestar que, dado mi modo de ser, siempre quise ser niña y eso me concedía un trato más generoso a que si hubiera manifestado deseos de ser más considerada.

Vuelve el silencio espiritual y de nuevo interviene Edith:

—Gracias, Teresa, porque tú nos das otra visión de los rasgos femeninos: no desear ser tenida por importante. Son muy pocas las mujeres que tienen afán de dominio, de protagonismo social en campos de conocimiento o de aportaciones a los demás. Como han sido tantas civilizaciones en las que la mujer ha sido considerada como dependiente de los hombres y bajo su tutela, son escasas las que han logrado sobresalir y ser respetadas en ámbitos fuera de la familia. Si miramos los textos sagrados, ya en la legislación mosaica se le negaban algunos derechos y se le penalizaba con mayor acritud si había cometido algún pecado. Lo mismo pasaba con los bienes de herencia, pero, a pesar de ello, aparecieron algunas excepciones que merece la pena mencionar, como Débora, que llega a ejercer una gran influencia en su pueblo. Y lo que es curioso es que es ella la que debe dar ánimo a quienes han de combatir.

»Tenemos otro caso que aparece en el libro de Ester, ella es quien se atreve a presentar al rey la demanda de su pueblo judío cuando pretendían su exterminio. ¿Y qué decir de Judith, que es la valiente artífice de vencer al poderoso general Holofernes?

»También las tenemos bien famosas por su sagacidad para conseguir sus objetivos, como Rebeca, que se atreve a cambiar el destino de sus hijos. O como Betsabé, que consigue la preferencia de Salomón para para suceder a David...En fin, a pesar de su escasa consideración, ¡cuántas mujeres de la biblia han jugado un papel importantísimo! Ahora me viene a la memoria el protagonismo de Rut y de su transcendencia a la hora de fijar la genealogía del Mesías. Creo que todas estamos convencidas de que, a pesar de los menosprecios sobre nuestra condición de mujer, siempre las ha habido con un valor incalculable y que han marcado la historia.

Después de un momento de reflexión y aquiescencia compartida, se adelanta otra hija de Teresa, que ya ha estado en todas las reuniones. Se trata de Ana de san Bartolomé.

Poco a poco se va iluminando su presencia y, después de mostrarse abiertamente, comienza a dar su opinión sobre el tema tratado:

—Creo que ya expuse mi condición de persona sin letras y con baja autoestima para los quehaceres del mundo. Quizá mi dignidad personal no se hizo patente hasta que mi querida madre se sirvió de mi solicitud y me hizo encargos. Nadie, hasta entonces, se había percatado de que el Señor me había hecho depositaria de algunos valores personales que estaban ocultos. Había padecido el menosprecio familiar y sus intransigencias, pero lo que sí tenía muy claro era que poseía una fuerza de carácter que no se arredraba, era una dignidad personal encubierta a los ojos de todos los que me criaron.

»Una vez, madre, me propusiste ayudar en la escritura. Esos dones ocultos se iban haciendo visibles y yo recobré otro concepto de mi dignidad para ejercer tareas que no eran frecuentes entre mis otras compañeras. Cuando una mujer se hace consciente de su valor, si hay una voluntad bien ejercitada, es capaz de hacer lo impensable. Ya veis, una pobre analfabeta que llega a ser fundadora y consejera espiritual. Siempre he tenido muy claro que los tiempos de Dios no corresponden con los designios humanos para servirse de los dones depositados en la mujer. Él había depositado esos dones en mi alma y fue mostrando caminos, quitando esa sombra que los ocultaba, porque debía servirse de ellos. Yo solo tuve que responder.

»Sí, en cada mujer hay muchos valores que pueden quedar siempre ocultos si la sociedad le niega oportunidades. No olvidemos que el mundo, casi siempre, ha estado bajo la dominación de los hombres. Mi testimonio quiere demostrar que Dios puede hacer llegar a las cumbres de la responsabilidad más grande a una mujer analfabeta. También hay momentos de gran dolor y frustración, como me aconteció en enfrentamientos con alguno de mis superiores en Francia, pero, si una se abandona a la verdad y al Señor, él lo resuelve, porque es cosa suya.

Madre Teresa parece mostrar su conformidad y, con un signo, anima a terminar esta reunión mientras se desvanece su imagen.

Aunque el tiempo tiene otras secuencias que en el mundo terrenal, aquí se evidencia que cada reunión tiene unos espacios temporales que no deben sobrepasarse. La duración tiene límites.

Como el tema de la reunión anterior tiene gran interés, sin pretenderlo, se origina una nueva convocatoria en la quieren dar una nueva aportación.

Nueva reunión

La gran maestra docta en filosofía, Teresa Benedicta de la Cruz, inicia su comunicación. Cree que no se le ha permitido exponer su visión del mundo espiritual desde una perspectiva de la psicología femenina, mucho más sensible y cercana que las expresiones retóricas y racionales de la mente masculina. La vivencia de la fe en la mujer deja una clara distinción por su influencia en la familia, el modo de transmitirla en las educadoras y la perseverancia en medios muy adversos. En épocas de crisis, son las mujeres sencillas las que han perseverado. Véase en la persecución comunista, por ejemplo, el papel de las abuelas que, sin medios, trataban de mantener una llamita viva en su entorno más íntimo.

La espiritualidad femenina no siempre ha tenido buena acogida, considerando que muchos fenómenos extraordinarios eran manifestaciones de histeria. Como la formación religiosa en la mujer no alcanzaba los parámetros universitarios de conocimientos teológicos, se le consideraba inculta y sus ideas pasaban desapercibidas. La espiritualidad de la mujer solo ha sido bien entendida por religiosos muy sencillos y sensibles, porque captaban la acción del Espíritu en almas capaces de amar sin medida. Termina afirmando que, en la mayoría de los casos, las experiencias místicas han sido mal acogidas y hasta reprobadas por la religiosidad masculina.

—Bien saben que mi vida no ha sido nada fácil —interviene Ana de San Bartolomé—, pero, después de luchar con mi familia para vencer sus resistencias a mi vocación, fue en París donde la jerarquía quiso apartarme del carisma teresiano y manipular mi comunidad. No lo consiguieron, porque mi carácter y espíritu de servicio me ayudaron a tener paciencia y esperar. Creo que el hecho de ser mujer hacía pensar que éramos manipulables y que debíamos mostrar sumisión, porque desconfiaban de nuestra valía.

»Sin embargo, encontré apoyo y respeto en la sociedad civil. Creo que las mujeres hemos pecado de inseguridad, especialmente en mi época, debido a que carecíamos de «letras» frente a un mundo religioso masculino que sí era más docto. El gran mal de la mujer ha sido la falta de instrucción, pero, en muchos casos, esta era suplida por la inteligencia natural y fuerza de voluntad.

Todas las asistentes muestran su asentimiento de un modo tan natural que se hace tangible para la mente.

Desde la lejanía se oye una exclamación, como un susurro, de alguien que trata de manifestar su experiencia, esta vez muy favorable. Es Joaquina, que desea exponer otro punto de vista basado en su experiencia. Ella ha tenido una vida muy rica, con su matrimonio, su educación y, más tarde, como religiosa y fundadora de una rama activa de ese espíritu teresiano.

—Siempre me trataron con respeto y tuve inestimables ayudas por parte de religiosos, pero también padecí de la desconfianza en mi obra y del destierro. Lo que está claro es que, cuando se trata de renovar, los obstáculos para una mujer no son los mismos y generan desconfianza. En mi caso, estaba capacitada para defenderme y sacar adelante mi obra; mi experiencia en el mundo y los contratiempos me habían dotado de fortaleza. Tuve dos clases de experiencias, las favorables y los obstáculos, pero me quedo con las primeras.

Un nuevo revuelo atrae la atención. Es la priora de Compiègne, quien, en nombre de sus hijas, quiere comentar cómo interpretan el asunto que ha propuesto la madre Teresa.

—En nuestro caso, la situación revolucionaria de Francia fue la que nos llevó a la persecución y, finalmente, a la muerte. Tengo que expresar que hubo un momento de debilidad, pero a pesar del miedo de algunas almas más débiles, todas llegamos al convencimiento de dar testimonio de fidelidad a Dios y a nuestra vocación. Ir al martirio no es nada fácil, pues como humanas sentíamos rechazo a esa injusticia. Sin embargo, precisamente la hermana que más miedo experimentó fue quien dio el testimonio de mayor de fortaleza. Mi condición de mujer me enseñó que podemos tener motivos y momentos de debilidad, no obstante, si una se confía plenamente en el Señor, nos convertimos en fortalezas de fe. Otro aspecto a valorar consiste en la unión ante el peligro: nos sentimos más hermanas que nunca. Por eso, aunque nuestra condición de mujer nos presente como más débiles, sería muy conveniente que trabásemos unión con otras que padecen nuestra condición, porque ahí reside nuestra seguridad.

El gran grupo se va animando y, nada más finalizar esta intervención, hay una figura espiritual que inicia su participación:

—Me llamo Catalina, aunque se me conoce por Magdalena. Nací en Florencia en el siglo XVI. Mi caso es muy extraño, porque no sufría por mi condición de mujer, ya que fui muy agraciada por dones excepcionales, como arrebatos de amor, éxtasis y estigmas.

»Dotada por el Señor de gracias especiales, tuve que dedicar muchas energías a seguir el impulso renovador de la iglesia y de los religiosos mediante cartas que dirigía a algunas jerarquías y al sumo pontífice. No deseaba hacerlo, pero ese impulso era superior a mis fuerzas. También ejercí gran influencia espiritual con los relatos de mis experiencias recibidas en los éxtasis. Quiero dejar este testimonio porque mi vida como mujer tuvo grandes experiencias, pero yo solo era el pequeño ser por el que Dios obraba. Ya veis, también las mujeres ejercimos influencia, aunque no fuera nuestro deseo.

Después de esta intervención, el grupo se va distanciando y todo queda en silencio.

Hay un gran movimiento espiritual en torno a madre Teresa, ya que se tratan de afianzar los lazos que unieron, en tan diversos momentos y épocas, a mujeres que optaron por seguir los consejos evangélicos y siguieron a aquellas directrices que, inspiradas por el Espíritu, Teresa había señalado para ser sus hijas en comunidad.

Como siempre, la madre aparece en plenitud de gloria pero en sencillez y cercanía, con una fortaleza que inunda todo lo que hay en ese momento de acogida a tantas almas.

La madre, en íntima comunicación espiritual, se dirige a todas sus hijas y les agradece su asistencia y presentación, sus testimonios de vida y la firmeza en la defensa de sus ideales en mundos tan diversos y conflictivos. Queda muy claro que, en distintos momentos de la historia, muchas mujeres desafiaron con valentía a quienes les obstaculizaban sus decisiones y optaron por un modo de vida muy distinto al que se les proponía desde la sociedad familiar o el mundo circundante. Ahora, por esa valentía, por haber antepuesto el amor a Jesús y por su vida sacrificada, gozan de un destino glorioso en presencia del amado.

La cuestión que presenta Teresa a sus hijas tiene que ver con el mundo actual y la presencia de la mujer en la sociedad en un estado de igualdad con el hombre. Efectivamente, al contemplar el rol que ahora representan en muchos países y la independencia de la tutela que antes se había ejercido, Teresa quiere analizar si verdaderamente son más felices, dan mayor gloria a Dios y sirven mejor a la sociedad, en comparación a lo que antes vivieron.

Se sienten rumores en los que quieren dar su parecer, pero nadie desea dar una opinión tajante. Se plantean si la liberación de la tutela del varón ha sido una mejoría en su calidad de vida. Parece ser que casi todas están de acuerdo en que Dios las creó en igualdad y en que, según las posibilidades naturales, nada debe obstaculizar su desarrollo personal.

Por otra parte, en el evangelio Jesús muestra la igualdad, la preferencia por las cualidades humanas de la mujer, su respeto por todas las que le acompañaron, la delicadeza de mostrarse a ellas en primer lugar, la igualdad en el matrimonio y la amistad femenina en el desarrollo de su vida pública.

Algunos pensamientos se hacen sensibles mientras recuerdan sus experiencias en su pasado humano. Se aprecia que no se da la razón a la opinión del mundo de que la mujer de los momentos actuales ha escalado la cima de la igualdad con el hombre. Dentro de ese intercambio de pareceres, se hace notoria la idea de que, si bien la mujer está logrando cierta igualdad e independencia en aspectos valorados por la sociedad, ejercicio de funciones que le estaban impedidas, ser escuchada y hasta dirigir sociedades y cargos públicos, también ha tenido un gran coste personal respecto a su desarrollo afectivo, a su función maternal y a su generosidad y entrega, es decir, a valores mucho más profundos e íntimos que siempre tuvo y que le diferenciaban del varón, sin destacar. La mujer había sido impulsora, generadora de bienes y sacrificada por amor a los demás, había sido garantía de la felicidad humana y de su sentido cristiano, el cual siempre mantuvo en la familia.

Todas están de acuerdo en que la personalidad femenina tiene rasgos diferenciadores que necesitan ser manifestados libremente, sin pretender hacerse varonil, puesto que su fortaleza nada tiene que envidiar a la del hombre. Era precisa una igualdad legal y social, pero dentro de un respeto a las diferencias, las cuales la hacen más generosa y con mayor servicio a la sociedad humana.

Así finaliza esta reunión en la que estas sencillas y santas mujeres han dado muestra de su madurez afectiva y de su fortaleza espiritual.